CURSO COMPLETO DE Maçonaria
História Geral da Iniciação

a partir de sua origem até a sua instituição na França

Pelo Dr. Vassal, antigo Secretário-Geral do Grande Oriente da França, membro de várias sociedades literárias

Pierre-Gérard Vassal

Curso Completo de Maçonaria

História Geral da Iniciação

a partir de sua origem até a sua instituição na França

Pelo Dr. Vassal, antigo Secretário-Geral do Grande Oriente da França, membro de várias sociedades literárias

Tradução:
Alexandrina Ap. L. de Oliveira

MADRAS

Traduzido originalmente do francês sob o título *Cours Complet de Maçonnerie ou Histoire Générale de L'Initiation*
© 2024, Madras Editora Ltda.

Editor:
Wagner Veneziani Costa (*in memoriam*)

Produção da Capa:
Equipe Técnica Madras

Revisão:
Ana Maria Balboni Palma
Silvia Massimini
Neuza Alves

Dados Internacionais de Catalogação na Publicação (CIP)
(Câmara Brasileira do Livro, SP, Brasil)

Vassal, Pierre-Gérard, 1769-1840.
Curso completo de maçonaria: história geral da iniciação a partir de sua origem até a sua instituição na França pelo Dr. Vassal, antigo secretário-geral do Grande Oriente da França, membro de várias sociedades literárias / Dr. Vassal ; tradução Alexandrina Ap. L. de Oliveira. – 5. ed. – São Paulo: Madras, 2016.
Título original: Cours complet de maçonnerie, ou, Histoire génerale de l'initiation...

ISBN 978-85-370-0238-4

1. Maçonaria 2. Maçonaria - História
3. Maçonaria - Rituais 4. Maçons I. Título.

07-4004 CDD-366.1

Índices para catálogo sistemático:
1. Maçonaria: Sociedades secretas 366.1

Os direitos de tradução desta obra pertencem à Madras Editora, assim como, a sua adaptação e a coordenação. Fica, portanto, proibida a reprodução total ou parcial desta obra, de qualquer forma ou por qualquer meio eletrônico, mecânico, inclusive por meio de processos xerográficos, incluindo ainda o uso da internet, sem a permissão expressa da Madras Editora, na pessoa de seu editor (Lei nº 9.610, de 19/2/1998).

Todos os direitos desta edição, em língua portuguesa, reservados pela

MADRAS EDITORA LTDA.
Rua Paulo Gonçalves, 88 – Santana
CEP: 02403-020 – São Paulo/SP
Tel.: (11) 2281-5555 – (11) 98128-7754
www.madras.com.br

Índice

PRIMEIRA PARTE

Introdução 7

SEGUNDA PARTE

Considerações gerais 23

Primeira Seção – Origem da Iniciação, Símbolos,
Hieróglifos, Mistérios, Veneração que se Tinha por Eles. 23
Descrição dos Mistérios Correlatos à Maçonaria 31
Os Mistérios da Índia 31
Os Mistérios Egípcios 34
Os Mistérios dos Cabírios 35
Os Mistérios dos Cabírios da Samotrácia 36
Os Mistérios Gregos 37
Os Mistérios dos Essênios 40
Os Mistérios do Cristianismo 43

Segunda Seção – As Provas 51
Provas do Segundo Grau 58
Provas do Terceiro Grau 60
Provas do Quarto Grau 62
Provas do Quinto Grau ou Balahate 65

Provas do Sexto Grau, Intitulado A Astronomia
Diante da Porta dos Deuses 66
Provas do Sétimo Grau, Intitulado Propheta
ou Saphenat Pancam 68

Terceira Seção – As Relações que Existem entre a
Maçonaria e as Antigas Iniciações 71
A Maçonaria Difere dos Antigos Mistérios? 74
Propagação da Iniciação 77
O Oriente Propriamente Dito 79
A Fenícia, a Síria e a Frígia 81
Itália 81
Alta Ásia 85
China 85
Sibéria, etc. ....
86 ....
Ponto Euxino 87

Quarta Seção – Os Elementos Fundamentais da Filosofia ... 94

Primeira Parte

Introdução

Ainda que sejamos versados no ensinamento maçônico e que tenhamos o hábito de falar diante de nossos Irmãos, não podemos conter, nos dias de hoje, a profunda emoção que experimentamos ao nos apresentarmos diante de um auditório numeroso e iluminado para tratar de questões tão sérias que, até o presente momento, foram consideradas abstrações totalmente obscuras, e que poucas pessoas já tenham ousado tentar aprofundá-las. Entretanto, no século das luzes no qual vivemos,* as ideias mais estreitas se tornam abrangentes, as mentes mais aguçadas se desenvolvem notadamente e a maior parte das instituições não tardará a atingir um grau de aperfeiçoamento de seus pontos frágeis.

Esse movimento progressista de todo o conhecimento humano contrasta de maneira muito chocante com o estado estacionário no qual a Maçonaria parece estar estagnada, o que fez com que muitos maçons instruídos demonstrassem que nossa Instituição, quase tão antiga quanto o mundo, deveria submeter-se a uma reforma geral, pois ela não deveria e não podia mais concordar com o estado atual da civilização.

Por mais fundamentada que nos pareça essa opinião, ela não nos convenceu completamente e resolvemos examinar as

---

* N. T.: A obra foi editada, originalmente, no século XIX.

vantagens e desvantagens que a Instituição ganharia com uma reforma estruturada de forma inteligente. Porém, assim que fomos submetidos a uma análise severa sobre esse projeto de reforma, fomos persuadidos, para não dizer convencidos, de que sua execução é impraticável, ou que pelo menos uma questão preliminar, cuja imensidão nos assustava, deveria ser abordada e esclarecida, porque os desenvolvimentos isolados que ela exige nos fazem julgar a possibilidade ou impossibilidade de reformar a Maçonaria. Com efeito, para melhor julgar a utilidade ou a inutilidade de nossa Instituição, para julgar suas relações mais ou menos diretas com o estado atual dos conhecimentos humanos, para nos assegurarmos se essa Instituição está à frente ou acima da civilização de nossa época, é necessário conhecer perfeitamente a doutrina sobre a qual repousa o seu sistema e o objetivo que ela se propõe a alcançar.

Porém, perguntamo-nos se alguém já soube, até este momento, desenvolver a doutrina da Maçonaria e expor claramente o seu objetivo positivo: não – nós ainda não havíamos pensado a esse respeito.

Convenhamos então que, uma vez que não conheçamos o que a Maçonaria representa e o que ela exprime, não seremos capazes de julgar adequadamente se ela é ou não é suscetível de uma reforma, porque ignoramos se o sistema que ela encerra em si está ou não de acordo com a civilização. Mas, como penetrarmos e nos aprofundarmos em uma Instituição que se caracteriza por símbolos, e onde cada símbolo constitui um mistério? Somos forçados a reconhecer que a tarefa nos pareceu penosa e difícil. Não obstante, se refletirmos que todo mistério deve encerrar uma verdade mais ou menos útil, sentiremos o quanto é proveitoso encontrar um método no qual pelo menos se possa conseguir trazer à luz todas as verdades mais ou menos importantes que o simbolismo já demonstrou até hoje à nossa inteligência; já é tempo de sabermos se a Maçonaria abrange visões instrutivas, se ela tem um objetivo positivo que possa ser útil a cada um de seus adeptos ou à sociedade em geral, ou ainda se ela não é uma quimera criada por alguns espíritos exaltados e mais voltada a ludibriar do que a instruir os iniciados. No primeiro caso, é preciso trabalhar seriamente, e é necessário submeter-se a uma severa investigação científica a fim de desenvolver as verdades que ela engloba, para em seguida ensiná-las e propagá-las; no segundo caso, é preciso renunciar a toda pesquisa científica e a toda espécie de ensinamento, e nos atermos exclusivamente a desenvolver e a estender o seu nobre objetivo filantrópico, que poderá pelo menos inspirar nos adeptos o amor ao próximo sem distinção de raça ou crença religiosa, e a moral será a única garantia que deveríamos depois esperar de cada neófito[1]. Mas a Maçonaria, assim limitada, não será mais que uma imagem pálida da antiga Iniciação que foi o farol iluminado da maior parte dos povos primitivos. Interrogue os homens instruídos que pedem para ser iniciados em nossos mistérios e eles responder-lhe-ão que vieram para o nosso meio com a esperança de que alguém os faria conhecer a fundo tudo aquilo que nossos mistérios devem abranger, ou seja, que alguém lhes desvendaria as verdades obscuras que nossos símbolos representam; e a experiência pode atestar que, enquanto nos limitarmos às explicações religiosas e morais que constituem na aparência todo o fundamento de cada grau, não teremos mais do que iniciados somente por curiosidade. Por isso, é pequeno o número de homens superiores com os quais a Maçonaria pode contar: uma vez confusos e decepcionados em suas esperanças, o desgosto se apodera deles e eles abandonam nossos templos logo após começarem a fazer parte deles. Querem um exemplo alarmante dessa verdade? Pensem em quais são os salões mais frequentados da capital, e vocês não tardarão a se convencerem de que não existem outros senão aqueles que, tendo abandonado a rotina comum, tiveram a coragem de elevar-se às considerações científicas mais ou menos precisas, que podem oferecer aos

---

1. *N. T.: neófito: adepto recente de uma doutrina.*

neófitos alguns fragmentos das grandes ideias da Iniciação da Antiguidade que inspiram o entusiasmo sublime que penetrou a alma de todos os adeptos.

O estado de decadência que mina diariamente nossa Instituição nos fez sentir vivamente a necessidade de nos ocuparmos seriamente disso, pois fomos persuadidos de que a antiga Iniciação da qual a Maçonaria representa a fileira não interrompida deveria representar algo de grandioso, nobre e útil, uma vez que ela foi fundada por homens nobres, superiores, e que particularmente a maior parte dos filósofos gregos não se contentou em somente fazerem-se iniciados, mas sim fizeram à Maçonaria um elogio merecido por justiça.

Ora, esses homens, tanto religiosos quanto de moral elevada, tiveram de encontrar dentro da Iniciação alguns conhecimentos positivos que vieram iluminar seus espíritos e aumentar o círculo de seus próprios conhecimentos. Enquanto isso, alguém poderia nos taxar de presunçosos e nos rejeitar, pois outros, antes de nós, teriam percorrido o caminho espinhoso no qual nos engajamos; é precisamente porque nós conhecemos toda a solidez da objeção, que cremos dever lhes expor sucintamente os diversos sistemas que conhecemos, os quais se reduzem a quatro e bem distintos.

Court de Giblin foi um dos primeiros que procuraram explicar a Maçonaria; mas o seu trabalho é exclusivamente filosófico, e ele não visa mais que à Iniciação somente sob um ponto de vista. Depois dele apareceu o grande sistema astronômico do célebre Dupuis, que fez uma explanação minuciosa sobre a origem dos cultos. O sábio Ir∴Lenoir, por sua vez, acreditava que deveria aplicá-la à Maçonaria. Com a ajuda de muitos monumentos da Antiguidade e de profundas pesquisas astronômicas, ele queria explicar os três graus simbólicos e os quatro graus capitulares do Rito Francês, que tem o grande defeito de ser um Rito misto, uma vez que seus graus capitulares pertencem ao Rito Escocês; e apesar de seus vastos conhecimentos, Ir∴Lenoir sentiu o defeito de seu sistema astronômico, porque ele não ousou abordar os graus

Introdução 11

acima do Rosa-Cruz, pois todo o seu sistema entrou em colapso, uma vez que a astronomia, nos antigos mistérios, não começa antes do 18º grau. Qualquer que seja esse sistema, esse ilustre maçom não abordará a Iniciação além do ponto de vista astronômico. Pesquisando os arquivos do Grande Oriente, encontramos dez grandes volumes manuscritos, in-fólio, e consequentemente inéditos; o autor procurou explicar todos os graus do Rito Francês com a ajuda dos matemáticos, de maneira que cada símbolo, cada alegoria, a parte moral e religiosa de cada grau são desenvolvidos e explicados pela ciência dos números, ciência que constitui, portanto, um grau único, e sobre a qual esse maçom estabeleceu seu sistema, para adaptá-lo a todos os graus do Rito Francês. A seguir, apareceu o poema brilhante da Maçonaria, rico de uma poesia varonil e harmoniosa, que inspira o mais elevado entusiasmo.

Essa obra assim tão notável, enriquecida por várias notas do autor, serviu para desenvolver toda a extensão de suas grandes ideias e descobriu um espírito muito mais vasto ainda, que deu provas de uma profunda erudição, de uma consciência perfeita da maior parte das línguas antigas e da alta Antiguidade.

Mas o autor dessa obra sábia não abordou mais do que os três primeiros graus simbólicos, porque foi convencido de que esses três graus encerravam todo o sistema da Iniciação. Não obstante, falta a esse trabalho precioso ordem e método, porque ele é o resultado de inspirações súbitas nas quais a genialidade se lança sem medir demais a extensão do curso regulamentado que há a percorrer.

Se excetuarmos essa última obra, todas as outras são o produto de sistemas estabelecidos anteriormente, aos quais a Iniciação os obrigou a se submeter e a dobrar-se a eles; e, longe de representarem o sistema da Iniciação, elas não representam mais do que sistemas particulares, aplicáveis somente a alguns graus, de onde resulta que todas as obras reunidas, e mesmo convenientemente coordenadas, não conseguiriam representar todo o sistema de Iniciação e não poderiam, consequentemente, nos servir de guias.

Presumimos que, para chegar a desvendar, dentro do caos do misticismo, os conhecimentos positivos que deveriam encerrar os símbolos, os hieróglifos e as alegorias de cada grau, deveríamos submetê-los a uma análise experimental e abordar, por conseguinte, todos os graus de Iniciação sem um sistema preconcebido, porque as obras sobre as quais havíamos meditado nos demonstraram que a ideia dominante de um sistema conduz todos os objetos que se examina sob sua força irresistível; então podemos ter como resultado somente verdades incompletas, e toda verdade que ainda está suscetível de dúvida não é uma verdade positiva. Longe de seguir o exemplo de nossos predecessores ou de nossos contemporâneos que partiram do desconhecido até chegar ao conhecido, acreditamos que devemos partir do conhecido para chegar ao desconhecido. Essa caminhada nos parece mais certa e mais segura.

As primeiras questões que examinamos foram as seguintes: antes de tudo, o que é a Iniciação? É uma Instituição puramente filantrópica? Mas, ao percorrer a cronologia dos tempos, encontramos uma infinidade de instituições, as quais algumas foram fundadas e sustentadas pelo poder, outras foram adotadas por famílias opulentas e, apesar de sua utilidade, umas e outras foram sepultadas na noite dos tempos, enquanto a Iniciação, que parece ter tido a Antiguidade como berço e que foi por muito tempo perseguida e caçada, foi a única sobrevivente. Ela representa então algo além. Seria ela uma ciência? Mas ela não abrange nem princípios científicos, nem regras precisas, nem ensinamentos especiais. Seria ela uma religião? Mas ela não possui nenhum dogma religioso em particular, nenhum ritual, nem disciplina exclusivamente religiosa. Enquanto isso, a Iniciação encerra a teogonia, o culto, a moral, a filantropia, as artes, as ciências e a filosofia primitiva. Estas últimas verdades gerais nos chocam e nos levaram a perguntar: não seria possível que os símbolos, os hieróglifos e as alegorias, que caracterizam a Iniciação, representassem a maioria dos pensamentos humanos do mundo primitivo? Questão grandiosa que nos fez recuar a princípio, porque nós sentimos que sua solução completa exigiria que penetrássemos dentro da Antiguidade mais longínqua; que seria necessário penetrar nesses tempos fabulosos, que a cronologia dos séculos não pode seguir passo a passo; e seríamos forçados a atravessar uma variedade de épocas na mais profunda obscuridade, e a partir daí correríamos o risco de nos perder, porque seria necessário abrirmos uma rota desconhecida, sem guia e sem luz: entretanto, para nos certificar de que a nossa hipótese nos oferecia qualquer grau de realidade que nos desse a esperança de descobrir uma trilha que pudesse nos conduzir à verdade que buscávamos, deveríamos nos assegurar de que a literatura possuía uma obra que abraçasse o conjunto dos conhecimentos humanos; temos o pressentimento de que um trabalho semelhante não poderia ter sido empreendido a não ser pelos homens de valor, de um caráter frio, de um espírito meditativo, e nos quais a tenacidade parecesse se fortificar pelos obstáculos que encontravam e pelas dificuldades que tinham a vencer.

Somente a Alemanha nos pareceu capaz de um empreendimento parecido, e um renomado autor literário nos assegurou de que Tiedeman e Tenneman haviam publicado uma história geral que abordava, por sua vez, a história da indústria, a história das artes, das ciências, da legislação, das religiões e da filosofia de cada povo e de cada século. E o curso de filosofia de Cousin nos confirmou essa afirmação.

Essa descoberta precisa nos demonstrou que era possível englobar dentro de uma mesma obra todos os conhecimentos humanos, seja de um ou de vários povos, e mesmo de todos os povos conhecidos: um dos pontos mais importantes para nós era nos assegurarmos sobre qual foi a época do mundo que tinha servido de ponto de partida aos dois cientistas alemães, e não tardamos a nos convencer de que foi na época da Grécia, o berço da história, época das mais brilhantes, que o reino da liberdade soprava os laços que encadeavam a genialidade e que fez desabrochar esse repositório de filósofos cujas obras iluminaram o mundo, e descobrimos que um dos graus do Rito Escocês incluía as obras-primas daquela época memorável. Mas, antes da Grécia regenerada, o vasto e antigo Oriente existira; ele abrangia entre suas imensas muralhas o Industão, a Pérsia, a Síria, a Arábia, os babilônios, os caldeus, os sidônios, os egípcios. E é provável que a maior parte desses povos tão versados nas ciências não tenha nada conservado, nada relatado, nada transmitido? Permanecemos ainda na dúvida, e embora os filósofos mais modernos tenham chegado à conclusão de que a história do Oriente era toda monumental, esperamos demonstrar que ela está em parte relatada em nossos escritos.

Nossa análise não se limita aí, porque o ponto de partida do vasto repertório científico de Tiedeman e de Tenneman não nos pareceu remontar de assim tão longe; uma linha paralela luminosa veio a esclarecer nossas dúvidas, mas examinamos sucessivamente quais eram as características de que se serviram todos os historiadores, e aquelas das quais o Oriente se serviu, e reconhecemos que depois da Grécia até os nossos dias escrevemos a história com linhas retas e curvas; combinando essas duas características, formamos todas as letras do alfabeto, e combinando e multiplicando todas essas letras, pudemos transmitir todos os pensamentos.

Os símbolos ou os hieróglifos e as alegorias foram os dois caracteres gerais dos quais o Oriente se serviu por muito tempo para registrar os fatos, os eventos, as épocas, as artes, as ciências, etc.

Ora, a Maçonaria, caracterizando-se não mais que pelos símbolos, os hieróglifos e as alegorias, obrigou-nos a concluir que a Iniciação deveria englobar tudo, ou grande parte, pelo menos, dos conhecimentos humanos do mundo primitivo, uma vez que seus caracteres e sua linguagem foram aqueles do Oriente; a identidade de método de transmissão da parte dos orientais e da parte dos iniciados nos persuadiu de que nossa primeira suposição já havia adquirido um grau de acerto, e para dissipar a dúvida frágil que nos impedia de fazer uma afirmação positiva, procuramos as bases sobre as quais repousava a história geral dos dois cientistas da Alemanha, e nos convencemos de que elas eram as mesmas da filosofia positiva, que são em número de três, a saber: a unidade, a variedade e a relação que deve existir entre a unidade e a variedade. Examinando a seguir quais são as bases de toda Iniciação, descobrimos que elas são em número de três, e representadas pelos três graus simbólicos; demonstraremos que o primeiro grau encerra e representa a unidade; o segundo grau, a variedade; e o terceiro grau, a relação que deve existir entre uma e outra; e daí então a similaridade dos fatos reportados em nossos escritos, ainda que consumidos no Oriente, e não relatados na história geral de Tiedeman e Tenneman, uma vez que ela começa não antes da época da Grécia, que é a época da história antiga.

Nossa proposição tornou-se positiva para nós, e ela só será positiva para vocês após desenvolvermos as ideias que serão expostas em nosso curso.

A identidade que descobrimos entre os elementos fundamentais da Filosofia e os elementos da Maçonaria nos levou a poder estabelecer uma definição clara e precisa que pudesse indicar aquilo que a Maçonaria representa. E ela difere da maior parte das definições que foram mencionadas, e, sem lhes dar uma nomenclatura, nos limitaremos a duas definições: a primeira pertence a um homem ex-convencionalista e de espírito grandioso, que definiu a Maçonaria como uma futilidade sublime, definição irônica que revela em seu autor uma ignorância profunda do sentido verídico dos símbolos e das alegorias que contêm as verdades positivas.

A segunda é a de um trinósofo letrado, que definiu a Maçonaria como *o laço dos povos*. Essa definição eminentemente filosófica e consequentemente positiva, não engloba mais que um dos resultados da Instituição, e ela não a caracteriza por inteiro, uma vez que não exprime tudo o que a Instituição deve representar. Mas ela mostra pelo menos que seu autor foi bem mais fundo nos sentidos dos símbolos e das alegorias do que o autor da primeira definição; quanto a nós, definimos a Maçonaria, a Filosofia Simbólica, por oposição à Filosofia Positiva, e, expondo a diferença que existe entre essas duas filosofias, esperamos justificar nossa definição. A Filosofia Positiva tem sempre por missão aprofundar as mais sutis abstrações e examiná-las sob todas as suas formas, dentro de suas diferentes relações, resumi-las e iluminar as verdades que revelam diante dos olhos comuns. Já a Filosofia Simbólica, ao contrário, teve a missão de envolver cada verdade que descobriu em um véu impenetrável, para não mostrá-la a mais ninguém a não ser aos seus adeptos, e isso fez nascer os Mistérios. E para que essas verdades não fossem conhecidas por ninguém além dos iniciados, em vez de descrevê-las, eles se serviam dos símbolos para representá-las de uma maneira positiva.

Entretanto, a definição que viemos a estabelecer, ainda que lacônica na aparência, é na realidade de uma vasta extensão, pelos imensos desenvolvimentos que ela exigiria para provar toda a sua retidão, porque seria necessário não menos que estabelecer uma linha paralela entre a história da filosofia e o sistema de Iniciação que deve englobar todos os elementos adequados para estabelecer a história do mundo primitivo. Pois, se a história da filosofia deve compor-se da história das religiões, dos cultos, da moral, da indústria e da legislação, das artes e das ciências, devemos encontrar, dentro do sistema da Iniciação, a teogonia, o culto, a moral, a indústria, a legislação, as artes e as ciências do mundo primitivo: dessa linha paralela resultaria que tudo o que a Filosofia Primitiva ou Simbólica representou de uma maneira obscura e enigmática, a Filosofia Clássica, e especialmente a Moderna, aplicam-se a representá-la de maneira mais clara e mais inteligível. Mas um trabalho semelhante destruiria a ordem metódica que fomos forçados a seguir após a classificação dos graus que constituem o grande sistema da Iniciação.

Seremos forçados, entretanto, a expor primeiramente quais são os elementos fundamentais da Filosofia Positiva, pois como eles formam a base, isso exigiu que nós os analisássemos um após o outro. Os conhecimentos filosóficos são igualmente muito indispensáveis para se adentrar a Iniciação de maneira vantajosa, e será necessário recuperarmos estes mesmos elementos nos três graus simbólicos que constituem a base do sistema da Iniciação. Entretanto, confessamos que ficamos muito desconcertados pela escolha que teríamos de fazer por um sistema filosófico que deve nos servir de ponto de comparação. Devíamos tomar os elementos dos quais precisávamos nos sistemas de Platão, Aristóteles, Heráclito, Pitágoras ou Sócrates, ou ainda, abandonando esses antigos sistemas filosóficos por causa de sua obscuridade, deveríamos nos basear nos sistemas de Descartes, de Malebranche, de Locke, de Condillac ou de Leibnitz?

Temíamos nos perder se adotássemos de uma maneira exclusiva as ideias fundamentais de um dos sistemas que acabamos de assinalar, porque quase que nenhum deles compreende todos os elementos fundamentais dessa vasta ciência. Com efeito, vários filósofos abraçaram, perseguiram, desenvolveram e esclareceram um só elemento; um deles, Leibnitz, esse grande e profundo gênio, é quase o único que abraçou todos os sistemas filosóficos e desenvolveu por consequência todos os elementos fundamentais da filosofia. Uma consideração não menos importante, que não nos permitiu tomar dados dentro de tal ou tal sistema, é que eles diferem entre si de uma maneira notável, pela influência indispensável que exerceu sobre cada um deles o elemento que dominava o século no qual apareceram esses diversos sistemas; e isso resultou que cada sistema de filosofia não pôde se desenvolver a não ser incompletamente, porque as leis religiosas e mesmo as leis civis traçavam os limites que os filósofos não podiam transpor sem se exporem aos perigos mais ou menos eminentes, e esses obstáculos invencíveis fizeram o pensamento ficar acorrentado por várias vezes, não lhe permitindo desenvolver-se com a liberdade ilimitada que era reclamada. Acreditamos ter evitado toda espécie de erros tomando o que nos foi necessário dentro do curso da filosofia de M. Cousin, não porque essa filosofia seja a mais moderna, mas pela única razão de que esse sábio professor resumiu em poucas páginas todos os sistemas de filosofia, e que ele expôs nitidamente os elementos fundamentais de toda filosofia.

Somente depois desse trabalho preliminar nós examinamos todas as generalidades que deveríamos conhecer antes de abordar qualquer um dos graus; e depois de ter submetido qualquer grau a uma investigação especial, tivemos de revisar nosso trabalho, porque fomos obrigados a começar sem uma ideia preconcebida e sem qualquer sistema estabelecido anteriormente. Esse meio nos pareceu indispensável para poder melhor apreciar tudo aquilo que o sistema de Iniciação deveria encerrar, porque, ao reaproximar cada uma de suas partes, após ter percorrido o todo por inteiro, pudemos distinguir aquilo que era inerente a esse sistema com aquilo que os modernos haviam acrescentado. Esse segundo trabalho nos ofereceu, entre outras vantagens, a de poder melhor desenvolver os três graus simbólicos que lhe servem de bases, porque o conhecimento do todo do sistema de Iniciação nos fez perceber as lacunas que nos devem ter escapado ao expor as bases que não são, por assim dizer, mais do que princípios que não podemos conhecer bem a não ser pelos desenvolvimentos dos graus subsequentes que se manifestam bem mais inteligíveis. E, finalmente, uma última dificuldade veio nos embaraçar, e ela não nos pareceu a mais fácil de ser vencida: no caso de nosso trabalho ser julgado digno de impressão, como nos deveríamos expressar para elucidar convenientemente aos iniciados sem comprometer a Iniciação com o mundo profano? Acreditamos ser melhor nos colocarmos, por nossa conta e risco, em um meio justo do qual jamais deveria se desviar um escritor imparcial. Somos obrigados a escrever de tal maneira que a leitura de nosso trabalho possa esclarecer suficientemente os diversos iniciados que possuem todos os graus, a oferecer aos iniciados que não possuem conhecimentos positivos o bastante para fazê-los desejar adquiri-los, e a apresentar aos profanos nada além de uma obra científica, da qual os detalhes de cada grau não sejam para eles mais do que parábolas. Resultará dessa restrição que nós nem exporemos nem desenvolveremos quase que nenhuma das palavras sacramentais; ofereceremos pouca coisa sobre o Rito de cada grau. Ou de uma maneira totalmente velada, para que somente os iniciados possam bem compreender. Conservamos essa forma alegórica acerca das obrigações dos graus que nos pareceram indispensáveis para tornar o grau mais inteligível; observamos um silêncio absoluto sobre as questões que os graus possam revelar, pois todo iniciado deve conhecê-los. Tais são as precauções oratórias que tivemos de tomar para conservar à antiga Iniciação sua altivez e toda a sua importância.

Agora que já expusemos os motivos que nos fizeram empreender nosso trabalho, que nos indicaram um método analítico por meio do qual esperamos desenvolver o sistema da Iniciação; que nos fizeram conhecer a nova definição da Maçonaria, porque ela expressa positivamente aquilo que ela deve representar; que nós assinalamos o paralelo que era necessário estabelecer para justificá-la e que nós devemos encontrar dentro desses detalhes, temos por obrigação expor-lhes a classificação dos objetos que devem compor o tema de nosso curso.

Dividimos nosso trabalho em duas partes:

Primeira Parte — Introdução

Motivos de nosso trabalho. Exposição do método por meio do qual esperamos desenvolver o sistema de Iniciação. Definição positiva da Maçonaria. Necessidade de conhecer os elementos fundamentais da Filosofia, como base de todos os conhecimentos. Divisão da obra.

Segunda Parte — Considerações Gerais

Primeira Seção

Pressuposta origem da Iniciação primitiva. A definição dos símbolos, das alegorias, dos hieróglifos e da palavra mistério. Exposição geral dos Mistérios Egípcios, assim como dos pequenos e grandes Mistérios Gregos. Opinião acerca do sacerdócio primitivo. Descrição particular dos Mistérios da Índia; dos de Ísis, dos Cabírios, dos Cabírios da Ilha de Samotrácia. Os Mistérios de Elêusis, de Ceres e de Orfeu. Os Mistérios Judaicos ou Essênios e os Mistérios do Cristianismo Primitivo. A veneração que se tinha pelos mistérios da Antiguidade.

Segunda Seção

Descrição das grandes provas físicas dos egípcios. Provas particulares do ritual, do cerimonial dos diversos graus egípcios e gregos; ciências que se ensinavam dentro de cada um dos graus.

Terceira Seção

Relações entre a Maçonaria e as antigas iniciações. Modificações que estabelecem uma diferença útil. Caminhos percorridos pela Iniciação antiga antes de sua instituição na França.

Quarta Seção

Exposição dos elementos fundamentais da Filosofia, como base de todos os conhecimentos humanos e dos três primeiros graus simbólicos.

Introdução

Esse resumo geral englobará consequentemente todo o sistema da Iniciação que não podemos resumir antes de ter percorrido e examinado todas as suas partes. Apesar da ordem metódica que presidiu a classificação dos vários materiais que devem nos servir para desenvolver o sistema de Iniciação; apesar dos dezoito meses de vigílias, pesquisas e meditações que reclamaram nosso trabalho, alcançamos o objetivo a que nos propusemos e que consiste em poder conhecer aquilo que a Iniciação representa? Nem ousamos assegurá-lo dentro da crença de enganar sua expectativa. Essa dúvida filosófica e essa desconfiança de nós mesmos nos determinou a submeter-lhes o nosso trabalho antes de fazermos qualquer uso do mesmo, porque contamos com a cooperação de suas luzes; não dissimulamos de maneira alguma a necessidade que temos e a reclamamos; e se o Oriente teve a glória e a prudência de envolver através dos símbolos uma imensidade de verdades nas quais o conhecimento foi por tempo demasiado escondido do gênero humano, o Ocidente terá por sua vez a glória e a vantagem de iluminar a maior parte das verdades da filosofia oculta do mundo primitivo, da qual a promulgação pode esclarecer a humanidade e cooperar poderosamente com a libertação dos diversos povos da Terra.

SEGUNDA PARTE

Considerações Gerais

PRIMEIRA SEÇÃO

ORIGEM DA INICIAÇÃO, SÍMBOLOS, HIERÓGLIFOS, MISTÉRIOS, VENERAÇÃO QUE SE TINHA POR ELES

A obscuridade que ainda reina sobre a origem da Iniciação primitiva deve ser atribuída principalmente à crença geral dentro da qual sempre estivemos: de que os diversos graus dessa antiga Instituição foram todos estabelecidos na mesma época por uma reunião de filósofos, vivendo em comum, e dos trabalhos dos quais surgiu no mesmo momento o grande sistema da Iniciação. Se, antes de examinar esse sistema como um todo homogêneo, tivéssemos previamente estudado cada uma das partes que o constituem, não teríamos tardado a nos convencer de que os fatos, os eventos, as épocas e as ciências que abrangem a maior quantidade dos graus indicam, de maneira indubitável, que eles não puderam ser estabelecidos a não ser sucessivamente e após o progresso mais ou menos lento que fez a civilização do mundo primitivo. Essa consideração importante deve fazer pressentir suficientemente que o desenvolvimento do sistema da Iniciação deveu seguir a marcha do espírito humano: essa afirmação é tão positiva que cada um dos três graus simbólicos cuja reunião forma, não obstante, o triângulo místico sobre o qual repousa todo o sistema da Iniciação, representa separadamente o elemento sob influência do qual cada um deles foi instituído; e se isso é verdade, como não saberíamos duvidar disso, que o elemento que predomina dentro de um século imprime sua característica especial à religião, à indústria, ao estado, às leis, às artes, às ciências, à filosofia e a todas as instituições. Ao examinar atentamente o elemento predominante de tal século, poderemos antecipadamente indicar a característica dos vários conhecimentos humanos e das instituições desse século, porque existirá uma tal relação entre o elemento predominante e a marcha do espírito humano da mesma época, que resultará em uma identidade uniforme e perfeita, seja de estagnação, seja de progresso. Se aplicarmos estes mesmos princípios à Iniciação primitiva, não tardaremos a nos convencer de que ela deve ter nascido em um século no qual o elemento do infinito e do absoluto predominava, e que, nessa época, o governo devia ser despótico, a indústria limitada, as artes gigantescas e sem formas regulares, as ciências ainda engatinhando, a força física devia ser a lei geral, a religião, exclusivamente dominante, devia manter os povos sob escravidão, e a filosofia dessa época teogônica devia estar incluída na Teologia. A investigação rígida à qual nos entregamos terá de provar que a Iniciação foi instituída no Oriente, onde o elemento do infinito predominava e onde, durante uma longa série de séculos, a religião, a indústria, as leis, as artes, as ciências e a filosofia foram representadas, a princípio, pelos símbolos e, mais tarde, pelos hieróglifos, de onde resulta que é mais que provável que a maior parte dos conhecimentos humanos do Oriente foi concentrada dentro do simbolismo. Ora, os símbolos e os hieróglifos, tendo sempre formado o caráter distintivo da Iniciação, põem fora de dúvida que ela deve tirar sua origem dessa época; mas antes de descrevê-la, para proceder com método, examinemos antes aqueles que foram os símbolos e veremos a seguir em que consistiam os hieróglifos.

Devemos entender por símbolo uma figura ou imagem que sirva para designar qualquer coisa, seja por meio da pintura ou da escultura, seja pelo discurso. O triângulo, o esquadro, o compasso, a régua, etc., são símbolos. A imagem do sol, da lua, das estrelas também são símbolos, da mesma maneira que as estátuas de todas as formas. Os tecidos e as cores com as quais os imprimimos também são símbolos; um estilo obscuro e mais ou menos enigmático constitui as alegorias e a linguagem parabólica. Em Filosofia, entendemos por símbolo uma verdade obscura representada por uma imagem viva e mais ou menos expressiva. Os primeiros filósofos serviram-se de símbolos para revelar os sentidos de seus pensamentos. Os padres, os legisladores e os filósofos adotaram essa linguagem emblemática até a época do Egito, onde Menés, segundo Mercúrio egípcio, substituiu por imagens simbólicas os hieróglifos, cuja invenção, de acordo com os anais do Egito, é atribuída ao primeiro Mercúrio.

Os hieróglifos eram signos, caracteres dos quais os egípcios se serviam para exprimir seus pensamentos, sem a segurança da palavra. A madeira, as pedras, as plantas, os animais, os procedimentos das artes, as partes do corpo humano serviram a essa comunicação, e tornaram-se muitos caracteres e enigmas para representar sobretudo as coisas sagradas; o método hieroglífico foi empregado colocando-se a parte pelo todo, ou substituindo uma coisa que tinha qualidades semelhantes no lugar de uma outra. Dois métodos hieroglíficos foram estabelecidos; o primeiro se chamou *curiológico*: assim, a lua era por vezes representada por um semicírculo e outras vezes por um cinocéfalo; o segundo método, chamado *trópico*, produziu o hieróglifo simbólico, que se mostrou sutil e complicado, de tal maneira a tornar-se não mais do que uma linguagem misteriosa e cujo conhecimento exclusivo foi reservado aos sacerdotes; e veremos no 30º grau por quais meios o Hierofante podia explicar os hieróglifos, pois as combinações dos hieróglifos tornaram-se tão multiplicadas para ensinar uma ciência qualquer que nenhum espírito humano teria podido reter o sentido para poder explicá-las.

Alguns exemplos darão uma ideia da ciência hieroglífica desde sua instituição, e das dificuldades que ela teve para apresentar-se à medida que se complicava.

Para representar a natureza quase que totalmente inteira, um homem com um rosto de fogo, os chifres e uma barba, uma cruz na mão direita, sete círculos à esquerda e asas agregadas às suas costas formava o hieróglifo: o fogo no rosto exprimia o calor do astro que vivifica todas as coisas, os chifres sendo os raios; a barba figurava os elementos; a cruz era o centro do poder que esse astro exerce sobre todos os corpos sublunares; suas coxas representavam a terra carregada de árvores e a colheita; as águas saíam de seu umbigo; seus joelhos indicavam as montanhas e as partes ásperas da terra; suas asas, os ventos e a prontidão de sua marcha; os sete círculos eram enfim os símbolos dos sete planetas; assim, o retrato de um homem gigante e alguns atributos expressavam o céu e a terra; duas mãos, sendo que uma tinha um aro e outra tinha uma flecha, representavam dois exércitos enfileirados em batalha; uma serpente enrolada em forma de círculo simbolizava o Universo; para mostrar que nada escapa a Deus, representava-se os olhos e as orelhas sobre um muro e principalmente sobre o frontispício dos templos: o próprio Egito foi simbolizado, mas às vezes por um crocodilo, às vezes por um candelabro aceso e sobreposto com um coração. Não se pode negar que os hieróglifos não foram engenhosos para representar qualquer coisa de particular, e eles eram mais expressivos que os símbolos; mas, para retratar uma época, relatar um fato ou uma sentença somente, seria necessário reunir vários hieróglifos cuja explicação era muito difícil; um único exemplo será suficiente para demonstrar a verdade de nossa afirmação.

Haviam pintado sobre a porta interior do templo de Minerva em Sais[2] uma criança, um velho, um falcão, um peixe e um

---

2. N. T.: Sais: cidade do delta do Nilo, capital do faraó Amásis.

cavalo marinho. Esse grupo não expressava nada além da seguinte sentença moral: "Vós que nasceis e que morreis, saibais que Deus odeia todos aqueles cuja fronte jamais se avermelha". Podemos ver, depois desses exemplos, que os hindus, os persas, os caldeus e os egípcios, em lugar de se servir como nós dos sistemas de escritura em curvas e barras, transmitiam seus pensamentos por meio dos símbolos, das figuras de homens, de animais, de flores, etc., e em vez de condenar as imagens, assim como faziam as religiões espiritualistas (tais como o Maometismo, por exemplo), encorajá-los e propagá-los, não como ídolos, mas como símbolos, eram os meios próprios para favorecer potencialmente as artes e a indústria. Mas a memória humana era insuficiente para explicar a grande quantidade de hieróglifos que era necessário reunir para representar uma época, um evento ou conservar as descobertas científicas do Egito. Os hieróglifos foram a escritura do povo e não aquela dos mistérios, e ainda que a Iniciação tenha sido sempre caracterizada por símbolos e hieróglifos, podemos nos convencer, depois do que precedeu, de que os símbolos são bem mais antigos que os hieróglifos e que a Iniciação primitiva deve ter tido sua origem na Índia e não no Egito. Já não podemos mais compartilhar da opinião do cientista Cousin, que assegura que a filosofia surgiu nos mistérios; acreditamos, ao contrário, que a filosofia primitiva dos magos constituiu a doutrina dos mistérios e que ela foi a causa de sua instituição, e a filosofia do Oriente nos pareceu tanto mais sublime; que os símbolos da Maçonaria que a representam envolvem todos os elementos da filosofia moderna. Para provar que nosso método é lógico, depois de haver exposto o valor dos símbolos e dos hieróglifos dos quais nos servimos no Oriente e notadamente nos diversos cultos que nós faremos conhecer mais tarde, devemos examinar o que constitui os mistérios: conhecimento que nos levará a expor os mistérios que têm conexões mais ou menos diretas com a Maçonaria.

A palavra *mistêrion*, mistério, deriva primitivamente de *mu*, que significa silêncio, encontrando-se igualmente no sânscrito *muka*, mudo, e *muni*, silencioso (espécie de eremita). Essa palavra tem o mesmo significado no grego, no latim e no francês.

Os Mistérios Hindus, que são os mais antigos, parecem ter sua origem em uma instrução secreta que se dava somente aos padres, cuja alma foi penetrada de pavor pelo terror que elas inspiravam. Somente após ter percorrido rotas tenebrosas, foram conduzidos enfim a um lugar muito iluminado, o que fez nascer a ideia de copiar os fenômenos do raio e do trovão; e todas as seitas religiosas que existem desde esses tempos mais esquecidos até os nossos dias eram os mistérios; mas uma grande quantidade desses mistérios tinha por objeto apenas o culto particular que as seitas queriam simbolizar, enquanto que muitos outros tinham, ao contrário, por objeto, os conhecimentos científicos, e a sátira excessivamente genérica que Chénier declamou nos versos:

Ora, notem bem, o que é feito de alegoria,
Tudo o que é da parte de um sacerdote é considerado
picardia.

não nos parece aplicável ao sacerdócio primitivo. Devemos julgar os sacerdotes da alta Antiguidade como se eles não tivessem tido sucessores, e nós seremos a partir daí convencidos de que eles não tiveram necessidade de enganar o povo, porque a ignorância desses séculos grosseiros ia adiante dos erros. É verdade que os sacerdotes não acreditavam que deviam subtraí-los a essa ignorância, e que eles não instruíram mais do que poucos iniciados; mas eles pensaram que a sociedade seria mais bem organizada se a extensão dos conhecimentos não fosse encontrada jamais sem a elevação da alma. Eles estavam persuadidos de que a doutrina reservada para os generosos, os espíritos sublimes, não devia mais ser semelhante àquela do comum dos mortais, que a alimentação do homem deveria ser semelhante àquela da criança que acaba de nascer. A conduta deles teve por base as duas máximas seguintes: "Tudo para o povo; nada pelo povo".

Máximas justas a um povo ignorante, máximas absurdas a um povo esclarecido. O que confirma nossa opinião é que eles pensavam, com razão, que não era preciso dizer a verdade a ninguém além das pessoas de bem. E que poderiam conhecer o pouco suficiente dos gênios dos séculos mais longínquos, para que não fossem tocadas as grandes visões dos primeiros preceptores do gênero humano, e para não perceberem suas instituições animadas de um poderoso espírito de vida e todos dirigidos de intenções para com a utilidade geral, muito mais que o cálculo frio e único do sacerdócio; porque nós não tardaremos a demonstrar que nos Mistérios do Egito, os sacerdotes de Ísis, penetrando nas ciências mais abstratas, descobriram os famosos teoremas geométricos que Pitágoras veio lhes tomar, porque, depois de sua Iniciação, ele descobriu o quadrado da hipotenusa sobre as colunas subterrâneas de Hermes, que passavam por ser anteriores ao dilúvio. Os iniciados egípcios calculavam eclipses que remontavam a treze séculos antes de César, o ano que chamamos Juliano. Essa forma de ano era conhecida dos sacerdotes de Heliópolis pelo menos desde o reinado de Aseth, 1325 anos antes de nossa era; depois eles realizavam as pesquisas práticas sobre as necessidades da vida, e entregavam então aos seus compatriotas o fruto de suas descobertas, tais como a incubação artificial, que ainda ignoramos e que nos seria útil, uma vez que em Berme eclodiram em um dia tantos passarinhos que se via brilhar as estrelas do firmamento em uma bela noite. Essa metáfora dá a medida dessa importante descoberta; depois, entregando-se às belas-artes, eles inspiraram o entusiasmo naquele povo que construiu as avenidas de Tebas, o labirinto, os admiráveis templos de Dendera, de Edfu e de Filae. Esse foi o povo egípcio que levantou vários obeliscos monolíticos; que cruzou, sob o nome de Lac-Moeres, um oceano que enterra o colorido das mais belas pinturas nos túmulos de seus antepassados. Percebe-se, do que precede, que existiam dois modos de ensinamento, ou duas doutrinas, o que dava a ideia de estabelecer dois graus de mistérios, os pequenos e os grandes.

Tudo leva a crer que nos Pequenos Mistérios ensinava-se a moral e algumas artes mecânicas, em que se davam noções de náutica e de estratégia, e que o segredo deles consistia em grande parte de uma interpretação histórica da mitologia; dali tirávamos somente o aspecto bom do politeísmo e não seus aspectos bizarros e suas imoralidades. O último dogma consistia em convencer os iniciados de que o Olimpo era povoado de mortais que haviam adquirido características de divindades por causa de suas virtudes; foi essa doutrina que levou vários filósofos a praticar quase que exclusivamente a virtude e a preferi-la a todas as grandezas da Terra.

Nos Grandes Mistérios, ao contrário, as pessoas se ocupavam somente das ciências mais ou menos positivas; portanto, nós as demonstraremos dentro das provas de cada grau dos Mistérios Egípcios, e assim que os iniciados houvessem adquirido uma instrução profunda e sólida, começava-se a explicação das alegorias, a única que satisfazia a todas as dificuldades e que conciliava os mitos mais díspares; foi então que o politeísmo foi enterrado em sua base e que a doutrina da unidade de Deus era ensinada de forma tão pura como quando na época de Jerusalém; foi descoberta a imortalidade da alma; foi demonstrado o erro da metempsicose, de maneira que se fazia encorajar aos bons e tremer aos maus, somente pela perspectiva de uma verdadeira imortalidade; lançavam-se à luz todas as verdades da filosofia simbólica, de onde resulta que os Pequenos Mistérios tinham por objetivo formar cidadãos virtuosos e úteis a seus semelhantes, e que os Grandes Mistérios tinham por objetivo formar por sua vez filósofos virtuosos, úteis e sábios: estes últimos foram a luz da civilização.

Poderíamos fornecer detalhes mais extensos, mas nos anteciparemos e sairemos das generalidades dentro das quais devemos nos restringir; por outro lado, entre esses detalhes, alguns pertencem aos diversos mistérios que vamos expor e outros aos graus que desenvolveremos mais tarde.

Descrição dos Mistérios Correlatos à Maçonaria

Entre o número prodigioso de mistérios que envolvem a *História geral das diversas eras do mundo*, alguns foram puramente religiosos, outros não exprimem além dos costumes, os usos e a crença de que alguns povos, e afinal muitos povos, têm relações mais ou menos diretas com nossa Instituição, e acreditamos não dever expor além destes últimos, porque o conjunto deles está incluso nos diversos graus da Maçonaria.

Os mistérios que nos pareceram ter conexões mais ou menos íntimas com nossa Ordem são os Mistérios dos Brâmanes ou da Índia, os de Ísis ou do Egito, os dos Cabírios, os dos Cabírios da Ilha de Samotrácia, os de Elêusis, de Ceres e de Orfeu; enfim, os Mistérios dos Judeus e os do Cristianismo Primitivo.

Os Mistérios da Índia

Os Mistérios dos Brâmanes são de uma antiguidade já tão distante que não temos fazer remontar sua origem a vários milhares de anos antes da Era Vulgar, e preferimos ficar na dúvida a esse respeito do que assinalá-los a uma época cuja data nos pareça arbitrária, ainda que ela tivesse servido de ponto de partida a Buret de Long-Champs para estabelecer a *História geral* e abreviar os diversos ângulos do mundo, que ele dividiu em cinquenta séculos antes de nossa era. Nós diríamos, de qualquer forma, que as datas que envolvem o seu imenso repertório são perfeitamente concordantes com os personagens, os fatos, as épocas e as ciências que englobam os diversos graus da Maçonaria, e essa cronologia geral nos serviu para revelar uma imensidade de erros mencionados em obras bastante científicas e que tratam da Iniciação.

Os Mistérios dos Brâmanes, dos quais nos ocupamos, consistiam da Iniciação dos sacerdotes. Parece bastante incontestável que os brâmanes tivessem uma Instituição na qual os iniciados hindus foram originariamente eleitos. O uso se introduziu depois de receber, com provas débeis, os filhos dos adeptos, mais ou menos como na Maçonaria os *Lowton* são favorecidos. Viemos de lá, enfim, até substituir totalmente os direitos de sangue aos de mérito real, e o corpo dos brâmanes se transformou em casta.

Depois de Estrabão, os sacerdotes egípcios tinham nos brâmanes a primeira ideia dos mistérios, e Pitágoras, que alguns séculos depois foi consultá-los na Índia, trouxe luzes semelhantes, e os segredos de sua filosofia diferem pouco dos de Mênfis e da Samotrácia; o nome de *Magos*, honorável por tanto tempo, estabelecido pelos persas e pelos caldeus, pertencia no princípio apenas aos sacerdotes assírios; eles se chamavam magos por causa da palavra caucasiana *Mâgh*, que significa grandeza, elevação, supremacia; mas, depois desse tempo, prevaleceu o uso de não entender por magos ninguém além dos iniciados persas, que foram os discípulos de Zoroastro, e, ainda que admitamos vários Zoroastros, realmente não existiu mais do que um, que floresceu sob Gustasb (Darius Hystaspe), um pouco perto da época de Pitágoras, da qual ele foi o mestre, e que foi também a época de Confúcio, o oráculo dos chineses.

Esses últimos documentos de onde extraímos a poesia da Maçonaria são bastante errôneos para que nós os deixemos passar em silêncio; com efeito, vários filósofos persas e caldeus se reuniram para formar uma associação. Eles tomaram o nome de magos, e sua instituição remonta a cem mil anos antes de nossa era, enquanto os Mistérios Egípcios são bem posteriores, e nós os apresentaremos em breve; de onde resulta que os magos não puderam ser os discípulos de Zoroastro e, apesar da afirmação bastante positiva do autor do *Poema da Maçonaria*, existiram três Zoroastros. O primeiro viveu em 2164 antes da Era Vulgar e retificou o culto do fogo que havia sido estabelecido pelos magos, de modo que o mostraremos no 29°. grau. O segundo Zoroastro viveu em 1096 antes de nossa era. Calculem a distância enorme que separa os magos dos três Zoroastros, e vejam se os magos puderam ter sido os discípulos de algum dos Zoroastros; o único Zoroastro admitido pelo Ir∴ Guerin-Dumas floresceu sob Gustasb e Darius Hystaspe, mais ou menos na mesma época de Pitágoras. Antes de qualquer coisa, Gustasb vivera por volta do ano 720 antes de nossa era, Darius Histaspe em 522 e Pitágoras em 580, de onde se segue que Gustasb viveu 260 anos antes de Pitágoras, e três séculos antes de Darius Hystaspe; não obstante, resulta de nosso exame que Pitágoras, Darius Hystaspe e o terceiro Zoroastro viviam mais ou menos na mesma época, o que induziu sem dúvida a um erro por parte do sábio autor do *Poema da Maçonaria*, do qual não cessamos de admirar a profunda sabedoria, e que pertence à Loja dos *Irmãos Artistes*, reservatório de homens letrados e de cientistas.

Essa digressão nos autoriza a concluir que a filosofia primitiva deu à luz os mistérios estabelecidos pelos magos, mas que ela não nasceu dos mistérios, uma vez que Cousin o assegura em suas lições de filosofia. Qualquer que ela seja, a doutrina dos Mistérios dos Brâmanes era toda teogônica, e suas provas físicas se aproximam muito das provas da Maçonaria; sua teogonia se encontra quase toda relatada no *Vedam* e no *Shastal*, livros sagrados dos brâmanes escritos em sânscrito. Essa teogonia admitia como primeiro princípio Para-Brahma ou Deus, aquele que criou Brahma e que o encarregou de criar o mundo. Ele lhe deu dois anjos, *Vishnu* e *Shiva*; o primeiro desses anjos veio para a conservação do mundo e o segundo foi encarregado de sua destruição, de maneira que *Brahma*, *Vishnu* e *Shiva* ou *Iswana* constituem a trindade indiana, que, ainda que toda mitológica, ao menos se acha em conformidade à dos hebreus, que se compõe de Jeová e de duas classes de anjos, na qual uns representam o bem e outros representam o mal.

Sendo os brâmanes os únicos homens letrados da Índia e os vizinhos mais próximos da Pérsia, tiveram, sem dúvida, o conhecimento da filosofia primitiva dos magos, o que nos leva a crer que eles a adotaram, e explica a possibilidade dos sacerdotes egípcios terem podido tirar da Índia a primeira ideia dos mistérios, porque, antes dos magos, os Mistérios Hindus eram exclusivamente religiosos. Apesar da nossa hipótese, duvidamos ainda de que esses mistérios possam ter sido científicos, uma vez que os anais do mundo não fazem nenhuma menção a eles, enquanto que nos representam os Mistérios Egípcios como os mais científicos e os mais regulares de todos os mistérios do Egito.

Os Mistérios Egípcios

A instituição desses últimos mistérios conhecidos sob o nome de Ísis e praticados em Mênfis remonta a 2900 anos antes de nossa era, e eles tinham por objetivo o culto egípcio, por um lado, e por outros, os conhecimentos humanos, o que os fez serem divididos em dois graus: o primeiro foi exclusivamente religioso e o segundo, científico. O culto dos egípcios foi aquele do sol e da lua, porque, depois da metempsicose, os egípcios acreditavam que a alma de Osíris residia no sol e a de Ísis na lua, de maneira que esse primeiro grau foi ostentador e público, e era representado pelos hieróglifos tanto no exterior como no interior do templo estabelecido em Copta, e os sacerdotes desse templo explicavam esses hieróglifos às pessoas.

Destacaremos, entretanto, que a principal festa dos Mistérios de Ísis era celebrada no mês de março, época do equinócio da primavera,* quando a navegação era mais perigosa. Essa festa foi instituída somente para pagar um tributo de homenagem ao navio de guerra de Ísis, uma vez que ele foi em busca de Osíris, e para propiciar ventos prósperos aos navegantes; esta solenidade foi muito bem descrita por Apuleio, e se encontra descrita na sábia obra do Ir∴ Lenoir.

---

* *N. T.: Lembramos que o autor se situa no Hemisfério Norte, onde o período das estações difere-se do Hemisfério Sul.*

O segundo grau, reservado exclusivamente aos iniciados, foi secreto e dividido inicialmente em três partes: a primeira foi consagrada ao desenvolvimento dos princípios de uma moral pura e austera, e as almas dos iniciados eram testadas por provas longas e perigosas; a segunda parte era consagrada exclusivamente ao estudo da Astronomia e da Teogonia; e na terceira ensinava-se aos iniciados a fazer uma aplicação consciente da Astronomia, para conceber melhor o sistema de formação do Universo; essa parte era chamada de cosmogenia, e mais tarde os sacerdotes egípcios, tendo incorporado os conhecimentos científicos do Oriente, dividiram a Iniciação em sete graus; desta forma, nós a exporemos quando tratarmos das provas e do ritual de cada um dos graus. Foi nos Mistérios Egípcios que os reis legisladores, os sacerdotes, os filósofos e os grandes homens que formavam o governo do Egito adquiriram altos conhecimentos que os fizeram destacar-se, e os egípcios tiveram a felicidade de serem governados por homens muito instruídos.

Os sacerdotes egípcios, desejando dar uma ideia da sublimidade de sua teogonia, fizeram gravar sobre o frontispício do Templo da Natureza a seguinte inscrição: "Eu sou tudo aquilo que foi, tudo o que é e tudo o que será, e nenhum mortal até hoje foi capaz de desvendar o véu que me cobre".

Os Mistérios dos Cabírios

Os Mistérios dos Cabírios, instituídos 2522 anos antes de nossa era, e consequentemente cerca de cinco séculos depois dos de Ísis, não foram mais do que uma imitação dos Mistérios dos Dióscuros e dos Sidônios; o objetivo deles era totalmente astronômico, e eles celebravam seus mistérios somente à noite. O neófito suportava as provas assustadoras e perigosas às quais muitos sucumbiram.

Após as provas, o neófito era colocado sobre um trono cintilante de luz; era cercado por uma cintura de púrpura e ornavam sua cabeça com uma coroa de oliveira; todos os iniciados executavam ao redor dele as danças hieroglíficas destinadas a essa cerimônia, e nós encontraremos essas danças no 6º grau das iniciações egípcias; esta semelhança é tão mais positiva que o templo de Mênfis foi então consagrado aos Mistérios dos Cabírios, que foram, como aqueles de Ísis, divididos em três graus, e cada grau foi consagrado a uma divindade em particular; a do primeiro grau foi *Prosérpina*, que representava a terra; dava-se a cada iniciado os desenvolvimentos fortemente estendidos sobre o globo terrestre e suas produções, e a maneira pela qual se deveria governar o povo; o segundo grau era consagrado a *Plutão*, que representava o inferno, e os princípios da moral eram desenrolados aos iniciados; eram-lhes indicados os meios adequados para combater as paixões que escravizam o homem; era-lhes inspirado o horror aos delitos e aos crimes por meio da pintura assustadora de castigos eternos que deveriam suportar após a morte todos os homens perversos... O terceiro grau era consagrado a *Mercúrio*, que representava a força divina; era apenas nesse último grau que se ensinava a Astronomia, a Teogonia e o Politeísmo, e, com a ajuda desta última crença religiosa, dava-se aos iniciados a esperança de que eles participariam, após sua morte, da força divina. Por mais que esses mistérios fossem mitológicos na aparência, eles eram na realidade religiosos, morais e científicos.

Os Mistérios dos Cabírios da Samotrácia

No ano de 1950 antes de nossa era, os Mistérios Egípcios passaram pela Grécia, e os primeiros mistérios foram aqueles que os cabírios estabeleceram na ilha de Samotrácia e presumimos que os pelasgos, que foram seus instituidores, foram iniciados somente até os Pequenos Mistérios, porque a principal ciência dos Mistérios da Samotrácia foi a estratégia e, juntos aos atenienses, os oficiais que comandavam os exércitos se chamavam *stratéges*. Todos os gregos que se distinguiam por sua coragem militar eram coroados e figuravam a cada ano na celebração pública dos Mistérios da Samotrácia, e nós não os relatamos porque eles têm uma ligação direta com o 3º e o 4º ponto do trigésimo grau do Rito Escocês, pois esses mistérios eram consagrados, aparentemente, apenas à coragem e ao valor; mas eles foram, na realidade, uma escola militar científica, e dos quais os grandes capitães da Grécia são uma prova incontestável.

Os Mistérios Gregos

Tendo os atenienses dado a realeza à família de Erecteu e a dignidade de Hierofante àquela de Eumolpo, Erecteu, primeiro rei de Atenas, instituiu, em 1373 antes de nossa era, os Mistérios de Elêusis,* e a família de Eumolpo conservou, durante 1.200 anos, a dignidade de Hierofante. Esses mistérios foram divididos em pequenos e grandes, os filósofos e os sábios da Grécia foram iniciados, e os estrangeiros não foram admitidos ou pelo menos eram raramente aceitos.

Os hieróglifos desses mistérios foram menos multiplicados do que aqueles do Egito, porque os sacerdotes que foram encarregados de instruir os iniciados, e que eram chamados de Eumólpides, possuíam os Mistérios de Ceres, que foram escritos e conservados sobre folhas de chumbo, de maneira que havia hieróglifos somente no exterior do templo, e os sacerdotes eram encarregados de explicá-los ao povo, reservando o desenvolvimento dos símbolos científicos aos iniciados; e presumimos que toda a ciência desses mistérios se reduzia às explicações mitológicas, depois das quais prometia-se aos iniciados recompensas sem fim; deveriam conseguir tudo durante o curso de suas vidas e, depois de suas mortes, estariam certos de obter os primeiros lugares nos Campos Elíseos, enquanto que os profanos deveriam ser jogados no Tártaro, o que dava

* *N. T.: Sobre o assunto, sugerimos a leitura de* Ritos e Mistérios de Elêusis, *Madras Editora, 2004.*

aos iniciados um poder e uma superioridade sobre todo o povo. O autor dos anais do mundo assegura que esses mistérios foram uma verdadeira charlatanice.

Essa afirmação nos parece um tanto mais fundamentada porque os filósofos esclarecidos da Grécia, pouco satisfeitos sobre a instrução que haviam obtido, foram buscar nos Mistérios de Mênfis os conhecimentos positivos; e entre os nomes desses filósofos destacaremos o de Orfeu, príncipe de Giconiens, na Trácia, que, depois de ter tido contato com os profundos conhecimentos científicos do Egito, retornou à Grécia e, em 1330 antes de nossa era, regulamentou os Mistérios de Elêusis e destruiu os erros que lhes serviram de base. Ele fundou uma doutrina verdadeiramente instrutiva, e consequentemente útil; ele instituiu na Grécia a adivinhação mediante os dogmas que havia aprendido no Egito, uma vez que ele foi iniciado nos Mistérios de Ceres e de Baco. Sempre respeitando os preconceitos populares, ele estabeleceu sobre as bases mais racionais e menos supersticiosas as festas de Baco e de Hécate; os eleusianos, as panateneias e as tesmofórias. Como a mitologia dos gregos era apenas uma confusão de superstições isoladas, Orfeu formou um corpo de doutrina, e ele admitia os espíritos, os demônios e os heróis, e essa última parte era concordante com os Mistérios da Samotrácia. Era o espírito nacional sobre o qual repousava a certeza da pátria. Orfeu teve somente uma fraqueza, que foi a de não poder garantir uma superstição egípcia, que consistia em colocar uma moeda dentro das urnas funerárias para obter de *Caronte* a passagem dos rios infernais; foi Orfeu que instituiu esse costume junto aos gregos. À parte desse erro inocente, Orfeu foi um filósofo acima dos de seu século; porque, depois de ter regulamentado os Mistérios de Elêusis e tendo os levado ao verdadeiro objetivo científico dos Mistérios de Mênfis, ele os dividiu em dois graus de Iniciação, e apesar das provas físicas terríveis às quais todo iniciado era submetido, o silêncio que Orfeu exigia de cada iniciado era tão rigoroso que divulgar os mistérios ou escutá-los eram dois crimes iguais; tanto aqueles que traíssem os segredos como aqueles que tivessem tido a fraqueza de ouvi-los serem contados eram banidos da sociedade, e a eles a entrada de todos os templos ficava proibida; as pessoas evitavam encontrar-se com eles; não se podia mais habitar a mesma casa nem respirar o mesmo ar que eles; e essa punição moral impunha mais do que a detenção moral e as torturas, porque nenhum iniciado jamais promulgou os mistérios, seja verbalmente, seja por escrito.

No primeiro grau dos Mistérios de Elêusis reorganizados por Orfeu era desenvolvida a teogonia, e os objetos do culto que Orfeu estabeleceu consistiam de emblemas que representavam sob uma imagem sensível alguns pontos da teogonia egípcia, de maneira que eram desenvolvidos os princípios de uma moral sã; eram dadas algumas noções gerais sobre a natureza dos deuses e do culto que se devia render a eles.

O segundo grau era totalmente científico: expunha-se em detalhe todo o sistema físico da natureza; procurava-se demonstrar a formação do Universo e dos seres que o povoavam; e sentia-se o quanto os estudos deveriam ser longos e difíceis para se adquirir os conhecimentos que deveriam conduzir a resultados suficientemente positivos para que sua utilidade pudesse tornar-se benéfica à civilização. Asseguramos que os dois graus da Iniciação foram sugeridos a Orfeu pelo conhecimento que ele adquiriu da doutrina dupla que professavam os magos da Pérsia e, mais tarde, os brâmanes na Índia, os druidas da Gália, os sacerdotes egípcios e a maior parte dos antigos teologistas. Orfeu chamou a primeira doutrina de exotérica, porque ela poderia ser ensinada a todo o mundo, e a segunda de esotérica, exclusivamente reservada aos iniciados. Deve-se destacar que Moisés e Orfeu, imbuídos desses antigos princípios, imitaram os sacerdotes egípcios, porque eles foram, por sua vez, legisladores e juízes, e o bom público foi o principal objetivo de suas pesquisas e de suas atenções. Também foi nos mistérios reformados por Orfeu que todos os legisladores gregos aprenderam o uso da doutrina dupla, da qual eles fizeram uma das partes mais essenciais de seus estabelecimentos políticos.

OS MISTÉRIOS DOS JUDEUS OU DOS ESSÊNIOS

Chegamos aos Mistérios dos Judeus, que, ainda que menos célebres do que aqueles que os precederam, não são menos interessantes para se conhecer, porque eles tiveram a vantagem de sobreviver aos seus predecessores; e vários eruditos pensaram que os Mistérios dos Judeus foram a fonte das Maçonarias modernas. Os iniciados de Israel se denominavam essênios. Com relação a isso, podemos analisar o retrato que Filon, Josefo, o historiador, e Plínio nos deixaram. Os essênios viviam como irmãos. Eles professavam uma fé enorme com relação ao Ser Supremo. Sua entrada nessa sociedade não passava indiferentemente. Quando um postulante se apresentava, ele era posto à prova durante três anos, um ano fora de casa e dois anos dentro dela.

Antes de admiti-lo, faziam-no prometer, com sermões terríveis, servir a Deus, amar aos homens, fugir dos perversos, proteger as pessoas de bem, manter a fé para com todo o mundo, e, sobretudo para com o príncipe. Faziam-no jurar também que ele não contaria jamais a outras pessoas sobre os segredos da associação, que ele os esconderia do perigo de sua vida, não ensinaria nada além daquilo que aprendeu de seus mestres; conservaria os livros misteriosos da Ordem e os nomes tradicionais dos anjos[3].

---

3. *Maimonide e os rabinos dão a esta palavra* anjo *um significado mais extenso: todos os atributos de Deus, todas as inclinações dos homens, todos os nomes em uma palavra, todas as abstrações são os* anjos. *Os letrados da China ouviam dos bons e maus espíritos as causas gerais com seus efeitos e influências, e, em outros, os poderes e as paixões da alma, o hábito das virtudes e dos vícios. Os anjos não foram reconhecidos pelo povo judeu antes de suas comunicações com os caldeus durante o cativeiro.*

Os essênios não falam antes da aparição do sol, tanto que não pronunciam quaisquer orações recebidas de seus pais, a não ser para convidar esse astro a levantar-se. Eles ficam no trabalho até a noite, colocam roupas brancas para as refeições e com eles vão comer os seus hóspedes, caso aconteça de aparecerem. Eles habitaram o mais longe possível das bordas do mar. Seu principal estabelecimento foi nos vales de Engaddi. Eles empregavam purificações frequentes e temiam manchar a luz de Deus. Eles mesmos não ofereciam sacrifícios sanguinários dentro do templo de Jerusalém. Os símbolos, as parábolas, as alegorias são para eles de um uso muito familiar: nisso eles imitam os antigos. Hábeis nos conhecimentos dos minerais e das plantas medicinais, eles tomavam conta gratuitamente de pessoas enfermas que eram levadas a eles; ainda que estivessem sob a dependência de seus superiores, era-lhes dada a liberdade de eles mesmos socorrerem a seus próximos e de fazer o bem, tanto e quanto quisessem. Não tinham escravos a seu serviço: eles viam a escravidão como injuriosa à natureza humana. Assim eram os membros dessa Instituição destacável: esclarecidos em meio a um povo ignorante, benfeitores em meio a um povo avaro, tolerantes em meio a um povo fanático, eles apresentavam o espetáculo de uma classe de homens dotados de todas as superioridades morais. Josefo, o historiador, é tocado pela semelhança deles com os pitagorianos.

Salomão, que passava por seu instituidor, ainda que fosse apenas o restaurador de sua ordem, tomou em parte as bases dentro da hierarquia e as recepções observadas por Moisés através dos levitas, em parte nos estatutos dos *énoséens*, seita de data imemorável e de origem árabe ou caldeia, em que os mistérios eram repletos de lembranças do sabeísmo primitivo e muito mais favoráveis pelo seu espírito aos laços com a benevolência universal que à Iniciação de Moisés.

Dom Calmet observa que é bem alarmante que nem os evangelistas nem os outros autores do Novo Testamento pronunciam sequer uma vez o nome de uma seita tão célebre entre os judeus e que honrava tanto a sua religião. Os autores alemães, apoiando-se em certas passagens dos evangelistas, tais como estas: "Que aquele que puder adivinhar, adivinhe; que aquele que tenha ouvidos para ouvir, ouça; o Cristo não falava senão por parábolas", afirmaram que a doutrina do Cristo é a simples revelação de seus iniciados; que os primeiros cristãos teriam sido os essênios. Esses sábios propunham, por exemplo, os terapeutas do Egito, que formavam um ramo dos essênios e dos quais não se pôde jamais dizer se foram cristãos ou judeus[4]; e a comunidade de bens ensinada pelos apóstolos, como prova a história de Safira e de Ananias, eles acreditavam reconhecer sob os termos obscuros no XIV capítulo de São Lucas as provas do Cristo e a manifestação completa de todos os seus segredos diante de alguns discípulos escolhidos no XVII capítulo de São Mateus. Que essas ideias tenham podido somente ser conhecidas, não importa como, acrescenta o autor do *Poema da Maçonaria*, do qual tomamos emprestado o conhecimento desses últimos mistérios, já é para os essênios o mais magnífico elogio.

Por positivos que pareçam esses importantes documentos, quisemos nos assegurar de sua exatidão ou de sua suposição, e, ao percorrer a história geral do mundo, descobrimos que no ano 1550 antes da Era Vulgar os judeus que retornaram do Egito se dividiram em três seitas.

A primeira foi a seita *cineneia*, a segunda foi a seita *recabita* e a terceira foi a seita *esseniana*. Os judeus essênios,

---

4. *O autor dos* Faustos Universais *assegura que os terapeutas foram uma seita judia, vinda dos essênios.*

acrescenta a história, sendo espécies de *quakers*[5], foram dentre os judeus como monges no meio dos cristãos; eles fugiam das cidades, viviam em comunidade e sua disciplina era bastante austera.

Esses documentos históricos não deixam nenhuma dúvida sobre a existência dos Mistérios Essênios, de cuja instituição precediam de quatro séculos os de *Salomão*, e encontramos em outro que, em 55 antes da Era Vulgar, *Judas* de Jerusalém – que foi profeta e não deve ser confundido com *Judas* ou Aristóbulo, filho de Hircan, que foi apenas um judeu filósofo eu que passava por entre os seus discípulos para obter o dom da profecia – restabeleceu a seita dos *essênios* com todas as suas austeridades; eram também chamados de judaístas, pelo nome de seu fundador.

Esse último documento confirma tudo isso que Dom Calmet adiantou e que relatamos anteriormente.

Depois da classificação cronológica que adotamos para os mistérios que têm conexões mais ou menos íntimas com a Maçonaria, terminaremos pela exposição sucinta dos Mistérios do Cristianismo, que são uma sequência imediata daqueles dos essênios.

OS MISTÉRIOS DO CRISTIANISMO

Que o Cristo, em sua qualidade de homem, tenha adquirido sua moral admirável dentro dos Mistérios dos Judeus ou dos Essênios, ou que em sua qualidade divina possuía a presciência, parece-nos provável que ele tenha desejado retificar os mistérios nos quais se presume que ele tenha sido iniciado e substituí-los pelos Mistérios do Cristianismo Primitivo, no qual a simplicidade e a sublimidade encerravam ao menos a base principal dos Mistérios dos Judeus e toda a moral que seus

---

5. N. T.: Quakers, quakeresse – membro de grupo religioso protestante fundado em 1652 por um jovem sapateiro inglês, George Fox, difundindo-se sobretudo para os Estados Unidos, onde foi implantado em 1681.

sectários ensinavam e praticavam. Aflito, sem dúvida, pela escravidão da maior parte dos homens, chocado pelas doutrinas errôneas que eram professadas então e que ele combateu com tanta superioridade entre os doutores da lei, reunidos no templo para esse fim, instruído por suas observações e pela experiência do abuso do poder sacerdotal e das castas privilegiadas, o homem-Deus estava resoluto, em sua grande sabedoria, em substituir os antigos mistérios pelos novos, para que fossem levados aos homens menos instruídos.

Como conceber que intenções tão louváveis, que uma moral pura, que uma conduta irrepreensível e exemplar como a Dele, e que uma doutrina assim tão sublime tenham podido fazer condenar o Cristo a um suplício tão infame? Tanta perfeição não poderia lançar sobre ele nada além do respeito e da veneração, e o povo deu uma grande prova disso no dia em que ele entrou em Jerusalém. Mas, em sua qualidade de iniciado, Cristo estava ligado por um juramento grave e solene.

Os sacerdotes e as autoridades que dirigiam os mistérios, encontrando-se humilhados pela reforma filantrópica do Cristo, uma vez que o poder lhes escapava, tiveram de se reunir para escandalizar o povo que, sem motivos e sem discernimento, pedia a morte do reformador, tão obstinadamente.

Tendo o Cristo previsto ou não os perigos aos quais Ele se exporia ao apresentar sua doutrina, instruído pela coragem nobre de Sócrates, nada pôde desviá-lo de cumprir não a sua missão, mas sim o seu grande e audacioso projeto.

Três grandes princípios constituem toda a doutrina dos Mistérios do Cristianismo Primitivo: a unidade de Deus, a liberdade e a igualdade. O Cristo não deu a Deus um outro nome, ou outra denominação a não ser a de Seu Pai, e nisso Ele seguiu o exemplo de todos os povos, que designaram Deus sob a denominação geral de pai da natureza; Ele se apresentou como seu mandatário, mas não falou jamais da trindade cristã, que não é nada além de uma imitação da trindade dos hindus, dos caldeus, dos egípcios e dos filósofos de todos os tempos. A trindade cristã é uma instituição sacerdotal, e os sacerdotes foram forçados a reconhecer a unidade de Deus, ainda que composta na aparência de três essências diferentes; é uma alegoria, e não uma realidade. O Cristo proclamou como segundo princípio de Sua doutrina a liberdade do homem, e, consequentemente, a liberdade da consciência. O sacerdócio, na opinião do autor do Cristianismo, violou esse princípio, porque, ao torturar a consciência, ele tinha certeza de estar tirando do homem a liberdade que o criador lhe havia dado e que o Cristo queria restabelecer. O autor dos Mistérios do Cristianismo fundou a mais perfeita igualdade por meio dos membros da mesma família, e a única denominação que ele impôs a todos foi o doce nome de irmãos.

Doutrina admirável! A qual, longe de ser o patrimônio de uma única seita religiosa, é aplicável a todas as crenças! Em sua qualidade de legislador religioso, e não político, o Cristo se baseava na teogonia e na moral. As passagens obscuras de São Lucas e de São Mateus, que alguns sábios da Alemanha interpretaram, não provam, em nossa opinião, que o Cristo tenha adotado a doutrina dupla de Orfeu nem a doutrina da maior parte dos antigos mistérios. Ele não admite, ao contrário, que a doutrina exotérica que ele demonstrou em suas explanações públicas, e para não atacar nenhuma crença, ele empregava sempre a linguagem das parábolas, porque ela é aplicável a todas as seitas religiosas. Ele instituiu apenas um único grau de Iniciação, que foi o batismo, nada além de uma única prova, que foi a da água, e para estar de acordo com a sua doutrina exotérica ele se fez iniciado publicamente por São João Batista sobre as margens do rio Jordão, e, como todo o seu sistema repousava sobre a unidade de Deus, não teve além de um único hieróglifo, que foi a cruz, e observem que todos os discípulos do Cristo que foram iniciados nos Mistérios do Cristianismo Primitivo foram chamados de irmãos galileus, fiéis nazarenos, e eles conservaram essas diversas denominações até o 41º ano da Era Vulgar, que foi a época na qual lhes foi dado o nome de cristãos na vila de Antioquia.

Durante quase dois séculos, os Mistérios do Cristianismo foram praticados em lugares retirados ou em subterrâneos, porque somente no ano 221, Severo VII, diz Alexandre, o imperador romano, permitiu aos iniciados levantarem um templo, que foi o primeiro templo cristão, e 89 anos depois, ou seja, em 312 de nossa era, o grande Constantino, atormentado pelos remorsos de sua consciência, apresentou-se aos Mistérios de Mênfis para se purificar de todos os seus crimes, mas o grande hierofante o recusou com a mesma severidade que Nero havia tido 242 anos antes daquela época. Essa recusa inatendida produziu uma profunda impressão sobre a alma do imperador romano, mas um cortesão de boa índole se encarregou de sinalizar a ele um novo culto no qual os sacerdotes tinham o poder de absolver os maiores criminosos.

Constantino retornou a Roma e abraçou o Cristianismo, que era mais tolerante, em sua opinião, que o suposto Paganismo, e em troca da absolvição geral que recebeu do sacerdote cristão, aboliu as leis severas e injustas estabelecidas contra os cristãos, assim como o suplício da cruz; ele deu livros aos sacerdotes, que, contrariamente às intenções de seu instituidor, adotaram a doutrina dupla, porque eles uniram às pregações – que constituíram a doutrina exotérica do Cristo – a doutrina esotérica reservada aos iniciados e que eles dividiram em três graus, a saber: o subdiaconal, o diaconal e o sacerdócio. Enfim, no ano 1139, no 11º concílio geral, um papa estabeleceu a teocracia, depois da qual os bispos não são mais do que subdelegados do soberano pontífice, nova transgressão da doutrina do Cristo, que fundou a igualdade, porque se o papa não era menos que o *primus interpares*, essa dignidade estaria em conformidade com a doutrina exotérica do Cristo, que simboliza a unidade de Deus, e concebemos que a unidade da Igreja era uma consequência natural do princípio da unidade de Deus; mas era necessário abster-se de juntar-se ao poder temporal e mais ainda de ansiar por ele, de onde resulta que os sacerdotes dos Mistérios do Cristianismo Primitivo desfiguraram sua Instituição originária.

Depois da explicação que acabamos de expor sobre os diversos mistérios, podemos nos convencer de que o aperfeiçoamento de cada um deles seguiu uma marcha lenta e progressiva da civilização, e que todos os mistérios tiveram dois objetivos principais: a religião e as ciências. E entre os mistérios exclusivamente religiosos, os do Cristianismo são os mais simples, mas ao mesmo tempo os mais sublimes, se tivermos o cuidado de não confundi-los com o catolicismo, que os desfigurou completamente.

Os mistérios exerceram uma influência tão poderosa sobre os povos do vasto Oriente que nos cativam, apesar de que isso nos fez conhecer a veneração que se tinha por eles, o que nos determina a expor a opinião emitida a seu respeito por vários filósofos, assim como aquela de alguns padres da Igreja.

Não devemos nos enganar, diz Ouvaroff em sua obra interessante a respeito dos Antigos Mistérios, sobre a impossibilidade de se poder determinar de uma maneira positiva as noções que recebiam os *épopte*s, ou seja, aqueles que olhavam do alto. Mas a relação que reconhecemos entre as iniciações e a fonte verdadeira de todas as nossas luzes foi suficiente para acreditar que eles adquiriram não somente as noções justas acerca da divindade, sobre as relações do homem com ela, acerca da dignidade primitiva da natureza humana, sobre sua queda, sobre a imortalidade da alma, sobre os meios de seu retorno a Deus, enfim, sobre uma outra ordem de coisas após a morte, mas ainda que lhes foram descobertas as relações orais e mesmo as tradições escritas. Possivelmente juntamos a esses documentos históricos as noções acerca do sistema do Universo, assim como nós as expusemos nos Mistérios Egípcios e Gregos, algumas doutrinas teúrgicas; talvez mesmo as descobertas positivas nas ciências humanas; esta última dúvida é um tanto menos fundamentada que a estada das tradições orientais no Egito terá dado lugar a essas grandes descobertas, a essa sabedoria dos egípcios, que a própria Escritura atesta em vários lugares. Não é provável, com efeito, continua Ouvaroff, que se limite à Iniciação superior para demonstrar a unidade de Deus e a imortalidade da alma pelos argumentos filosóficos. Clemente de Alexandria disse expressamente, ao falar dos Grandes Mistérios: "Aqui termina todo o ensinamento, vê-se a natureza das coisas". Por outro lado, as noções morais eram difundidas demais para que os mistérios merecessem somente os elogios magníficos dos homens esclarecidos da Antiguidade, porque, se supusermos que a revelação dessas verdades teve por único objeto os mistérios, não teriam eles cessado de existir no momento em que as verdades foram ensinadas publicamente? Píndaro, Platão, Cícero, Epicleto, teriam eles falado com tanta admiração? Se o Hierofante se contentou em expor-lhes em viva voz suas opiniões, ou aquelas de sua ordem, sobre as verdades nas quais eles mesmos penetraram? De onde o hierofante tirou suas ideias? Quais fontes ele tinha à sua disposição que permaneceram inacessíveis à filosofia? Concluímos então que eram reveladas aos iniciados não somente as grandes verdades morais, mas também as tradições orais e escritas que remontam à primeira era do mundo. Esses fragmentos, colocados no meio do politeísmo, formavam a essência da doutrina secreta dos mistérios. O que concilia as contradições aparentes do sistema religioso dos antigos ainda está perfeitamente de acordo com nossas tradições sagradas.

Devemos salientar aqui que os primeiros sacerdotes da Igreja que nos passaram noções bem interessantes sobre os mistérios fizeram, cada um a seu tempo, grandes discursos e pinturas muito odiosas. São Clemente de Alexandria, que se passava por iniciado, ora lhes dava o objetivo mais frívolo e mesmo o mais vergonhoso e os transformava em escola de ateísmo, ora afirmava que as verdades que se ensinava tinham sido reveladas pelos filósofos a Moisés e aos profetas, porque, de acordo com ele, foram os filósofos que estabeleceram os mistérios, e nós partilhamos dessa última opinião.

Tertuliano atribui isso à invenção do diabo; Arnóbio, Atenágoras e São Justino, praticamente todos falaram sobre isso da mesma maneira; os seus elogios e suas reprovações podiam ser igualmente verdadeiros, sem serem igualmente desinteressados; por isso, é preciso distinguir as épocas, e é certo que no momento em que os padres escreviam, os grandes abusos derrapavam nos mistérios; eles tinham degenerado, uma vez que haviam sido gerados pelo politeísmo, e com relação a isso parece que os padres, que os viam como um santuário do erro, não podiam colocar muito ardor ao desacreditá-los. A corrupção tinha começado a difundir algumas noções sobre as cerimônias que eram praticadas: a indiscrição dos mitos tinha divulgado os símbolos, tudo tendia a profanar os mistérios, já decaídos de sua dignidade primitiva.

Mas nos reportemos aos tempos em que eles floresceram; não nos faltarão testemunhos a seu favor: eles são sobretudo apresentados como origem das artes, das ciências, do trabalho e sobretudo das leis. Concebe-se, com efeito, que a associação religiosa e de uma moral filantrópica tenha servido como um núcleo para a formação do primeiro povo civilizado no meio dos ferozes pelasgos e que as regras de sua hierarquia acabaram por originar aquelas de ordem social. É sob essa relação que Atenas celebrava as Tesmofórias em memória da legisladora Ceres.

Plutarco, Isócrates, Diodoro, Platão e Eurípedes falam dos mistérios nos termos mais honráveis. Veremos a mesma opinião compartilhada por Cícero, Sócrates, Aristófanes. Se os mistérios tivessem sido inventados apenas pelo interesse dos padres, se realmente eles não tivessem merecido toda espécie de elogios, como poderiam eles tocar de admiração justamente os personagens estimados; os filósofos inimigos do espírito sacerdotal; historiadores colocados pelo estado para pesquisar a verdade, e até mesmo os poetas cômicos? Qualquer coisa que seja dita, e apesar de alguns abusos, os mistérios sempre foram estimáveis, mesmo na época de seu declínio. Podemos considerar nesse sentido o julgamento de dois homens tais como Epíteto e Marco Aurélio. No século IV de nossa era, Prétextat, procônsul de Achaïe, homem provido de todas as virtudes, dizia ainda que seria tornar a vida dos gregos insuportável privá-los dos *mistérios sagrados que situam o gênero humano.* Seria papel somente dos bárbaros de mudar o monumento conservador dos princípios da civilização. E Alarico primeiro, chefe dos godos, precedeu o zelo cego dos Césares do Baixo Império. Em 396, ele destruiu totalmente o templo de Elêusis. Esse edifício era grande e magnífico, todo construído em mármore pentílico e voltado para o Oriente. Ele era muito mais moderno que os mistérios, porque sua construção remontava de não antes do século de Péricles. Sob o domínio visigótico pereceu a maior parte dos padres; outros morreram de dor; entre eles estava o venerável Priscus, de Éfeso, que tinha então 90 anos de idade. Os documentos históricos que acabamos de expor são positivos demais para que se possa recusar pôr em dúvida o alto renome que alcançaram os Mistérios Egípcios e Gregos, assim como aqueles da Samotrácia; ao longo de nosso grande trabalho, acabaram nos sendo positivas todas as dúvidas emitidas por M. Ouvaroff, que negligenciou muito o estudo dos símbolos e das alegorias que caracterizam todo o sistema da Iniciação.

Segunda Seção

As Provas

Abordamos as partes mais obscuras das antigas iniciações, e talvez se descobrirá que há um certo temor em se ousar abordá-las. O historiador não deve, portanto, deixar passar em silêncio qualquer um dos pontos que compõem o sistema que ele se propõe a desenvolver, e deve fazê-lo conhecer-se, porque senão seu trabalho seria incompleto. Mas como expor fatos dos quais passamos a ser testemunhas? Isso só seria possível por meio das tradições orais ou escritas, e a maior parte da história do Oriente não está relatada senão nos símbolos e nas alegorias; a tarefa seria quase que impossível de se cumprir, se os escritores antigos e modernos não tivessem descrito as provas das iniciações da Antiguidade. Acreditamos dever colocá-las aqui, porque elas são ignoradas pela maior parte dos maçons, e o conhecimento delas é indispensável para poder apreciar a analogia ou a diferença que existe entre a Iniciação moderna e a da Antiguidade. Se considerássemos apenas o silêncio obstinado que os antigos iniciados guardavam sobre as provas, seríamos tentados a crer que aquelas que expomos não seriam nada além do produto de algumas imaginações exaltadas, e não exposição fiel da realidade. Enquanto isso, se prestarmos atenção ao fato de que os Mistérios Gregos não cessaram antes do começo do terceiro século de nossa era, poder-se-ia supor que esta época é bastante recente, com relação à instituição dos Mistérios Egípcios, para que a descrição das provas pudesse ser positiva; com efeito, veremos mais tarde que, a partir da decadência do império romano, os expatriados emigraram e foram implantar a Iniciação na Escandinávia. Bem antes dessa época, com os Mistérios de Elêusis degenerados, a maior parte dos iniciados relatou as provas, o ritual e o cerimonial dos diversos mistérios. A partir daí, é provável que aqueles que emigraram levaram com eles todos os documentos necessários para fundar a Iniciação nos lugares onde ela não tinha ainda penetrado, e eles puderam ter um tanto mais de segurança, pois não foram mais submetidos à severidade das leis de Iniciação; essa probabilidade transformou-se quase em uma verdade positiva, quando se soube que *Crata Repoa*, traduzido em francês pelo Ir∴Bailleul, é uma obra alemã que foi publicada de início em 1770, sem nome de autor nem de editor, e que as provas que foram nela descritas abrangem somente, de acordo conosco, o ritual e o cerimonial que foram observados dentro das recepções dos pequenos e dos grandes Mistérios Gregos; porque o autor alemão não mencionou as grandes provas físicas dos egípcios, omissão extremamente importante, pois elas constituíam as provas preparatórias às quais os sacerdotes de Mênfis faziam cada neófito submeter-se antes de começar aquelas que eram inerentes ao primeiro grau da Iniciação. Assim sendo, depois que se era submetido às grandes provas físicas, já se era quase iniciado de direito ao primeiro grau, e essa precaução severa era um meio infalível para que as provas não fossem divulgadas de modo algum. Triptolemo, que viveu em 1409, antes da Era Vulgar, apresentou-se à Iniciação egípcia e, não tendo podido suportar as grandes provas físicas, não foi iniciado antes de um período de sete anos nos misteriosos subterrâneos do Egito; e, ainda que Orfeu tenha sido iniciado nos mistérios gregos, quando se apresentou àqueles de Mênfis, não tendo podido suportar as grandes provas físicas, teve de se submeter à mesma sorte que Triptolemo, sem os sons harmoniosos de sua lira encantada. Foi esse o último episódio que constituiu todo o fundamento da grande ópera dos Mistérios de *Ísis*.

As grandes provas físicas eram tão indispensáveis de serem aplicadas, já que simbolizavam o grande sistema do universo, que se propunha desenvolver os iniciados dentro do curso de seus estudos... A terra, o fogo, a água e o ar eram os quatro elementos que constituíam as grandes provas físicas de Mênfis, e a coragem de cada iniciado deveria aplacar o furor e o perigo desses quatro elementos. Exporemos essas terríveis provas que faltaram ao *Crata Repoa*. Vários viajantes asseguraram que as grandes pirâmides do Egito serviam de entrada aos subterrâneos onde se passavam as iniciações; é muito pouco contestável que as rotas que conduziam aos misteriosos subterrâneos, pelos quais os aspirantes deviam passar, eram totalmente difíceis de se penetrar, que aqueles que nelas se engajavam corriam, aparentemente, os maiores perigos. O último iniciado conduzia o neófito até a entrada interior dos subterrâneos; ele lhe dava uma lamparina acesa para lhe servir de guia; ele o abandonava e fechava sobre ele a porta de entrada; o neófito caminhava assim só e quase que nas trevas, e atravessava, sob a terra, galerias tão baixas que era repentinamente obrigado ou a arrastar-se ou a unir o emprego de suas mãos ao dos pés para conseguir avançar. Não se podia melhor simbolizar o caos, ou a matéria inerte; e depois que o neófito chegava ao final de seu curso, uma abertura imensa se apresentava diante dos seus olhos. Esse precipício, inutilmente proibido, foi recoberto em seu interior com um cimento tão duro e tão unido que oferecia aos olhos a vista polida de um gelo, rendendo um aspecto extremamente assustador. O neófito já não tinha mais outra escolha a não ser avançar ou perecer sem nenhuma segurança. Para encorajá-lo, foi colocada nesse precipício uma escada de ferro, selada e chapada contra a parede, que no início parecia um tanto mais perigosa com os degraus polidos e brilhantes como os do aço, e, para desesperar os homens mais intrépidos, essa escada terminava a 60 pés de profundidade; chegando ao último degrau, a luz de sua lâmpada lhe permitia ver acima de si mesmo uma distância da qual não se podia calcular toda a extensão, sem poder descobrir nenhum meio de se alcançar o seu objetivo. Tendo que dar conta do perigo que o ameaçava, ele era obrigado a subir alguns degraus para chegar a uma pequena abertura que absolutamente não havia percebido ao descer e que servia de entrada a um caminho cruzado no rochedo, em forma de espiral, o qual conduzia ao fundo de um precipício que devemos chamar *poços misteriosos*, porque nós os encontraremos nos graus. Em Elêusis, havia um dentro do templo de Ceres. Em Potnie, depois de Tebas, um poço estava consagrado a Ceres e a Prosérpina, sua filha. Em Epidauro, a estátua de marfim de Esculápio estava colocada sobre um poço; na maior parte das igrejas antigas, havia um poço de água ao qual eram atribuídas as grandes virtudes. E daí, sem dúvida, o tão conhecido axioma de que a verdade está no fundo do poço...

Essa primeira prova era terrível, e era necessário ter uma coragem quase sobrenatural para suportá-la. Entretanto, um iniciado era encarregado de seguir de longe o neófito sem que este pudesse percebê-lo, e era proibido de falar com ele, e menos ainda de se aproximar sob nenhum pretexto, e o neófito era prevenido de que, se lhe acontecesse de olhar para trás, ele encontraria ao norte uma barra de bronze, e ao meio-dia uma forte barra de ferro bem fechada, através da qual se via uma alameda a perder-se de vista, cercada pelos dois lados de uma continuidade de arcadas, iluminadas pelas luzes das lamparinas e tochas que se tinha o cuidado de colocar de longe a longe em dias de recepção, e o iniciado que havia seguido o neófito aproximava-se sem falar com ele e o conduzia às grades de bronze por onde ele deveria passar, e desaparecia em seguida. Essa porta, formada por duas partes móveis, era tão bem ajustada sobre seus pivôs que se abria inteiramente e sem fazer barulho, contanto que alguém a empurrasse um pouco. Mas os dois batentes, recaindo sobre eles mesmos para se juntarem, faziam um barulho tremendo, que em um instante ressoava até a extremidade do subterrâneo, e a forma arredondada das curvas fazia o barulho retornar ainda muito mais forte. Ele servia para advertir os sacerdotes do grande colégio que o neófito estava se engajando na primeira prova de fogo.

O aspirante havia dado apenas cinquenta passos quando percebia uma luz muito viva que aumentava à medida que ele avançava, e ele não tardava a encontrar-se na entrada de uma curva que tinha, segundo o abade Terrasson, mais de cem pés de comprimento e de largura, e da qual o primeiro aspecto dava a ideia de uma fornalha ardente que o neófito era obrigado a atravessar. Essa ilusão de ótica era produzida com a ajuda de uma madeira leve e superinflamável, de betume, de galhos de árvores e bálsamos, tudo arranjado em forma de alamedas de árvores plantadas em fileiras e distantes umas das outras cerca de nove pés: e aí estava a primeira prova de fogo.

A segunda que se apresentava aos olhos do candidato consistia em marchar pelos vácuos de uma grade de ferro avermelhada por um fogo ardente e fechada em losangos, que não deixavam, em suas divisões, nada além do espaço para se colocar os pés. Esta tinha vinte pés de comprimento por oito pés de largura e seis de altura, onde a água, que vinha do Nilo, entrava de um lado do subterrâneo com um barulho e uma rapidez espantosos, e saindo de um lado para o outro. Era necessário atravessar esse canal a nado com uma lamparina na mão, ou com a ajuda de dois arranjos de colunas que saíam do fundo da água e que serviam para guiar o candidato – aí está a prova da água.

Levado para outra parte do canal, o candidato, que tinha sido obrigado a tirar a roupa para atravessá-lo, pegava de volta as suas vestes e aí ele se encontrava próximo a uma grande arcada, a qual ele era obrigado a subir por vários degraus que o levavam a uma ponte levadiça que tinha um mecanismo muito complicado. Na extremidade dessa ponte, cujos lados eram fechados por duas paredes, encontrava-se uma porta recoberta de marfim, guarnecida por duas fileiras de ouro indicando que ela se abria para dentro, o que consequentemente fazia com que o candidato a empurrasse para abri-la. Mas, depois de ter tentado em vão abri-la, ele apanhava os dois anéis grossos, que conseguia ver com a luz de sua lamparina, que eram fixados no batente da porta; o aspirante tocava esses anéis e um gatilho fazia mover as rodas que colocavam em movimento a ponte levadiça e a levantava junto com o aspirante, que, fazendo várias vezes o circuito rápido que produzia esse mecanismo, encontrava-se suspenso no ar, fazendo-o ver um precipício imenso no qual soprava um vento impetuoso que apagava sua lamparina. O candidato ficava cerca de um minuto nessa posição cruel, depois era devolvido à sua primeira etapa pelo efeito de um contrapeso, que ia descendo suavemente, colocando-o de novo diante da porta de marfim. E aí está a maneira pela qual era administrada a prova do ar.

Essas diversas provas, empregadas em Mênfis pelos sacerdotes da grande deusa dos egípcios quando da admissão nos mistérios, são perfeitamente representadas em uma gravura composta por Moreau, o jovem, e provas semelhantes deviam tornar as iniciações bem mais raras do que aquelas dos Mistérios Gregos. Entretanto, antes de fazer os iniciados suportarem essas provas, os sacerdotes ligados ao colégio das iniciações, cujo poder ultrapassava o do governo, tinham implantado uma política externa tão mais segura, que ela era exercida por suas mulheres e pelos oficiais sob as ordens dos sacerdotes, e a frequência da sociedade permitia às mulheres e a seus oficiais guardarem os documentos sobre a conduta moral de cada iniciado, de maneira que os sacerdotes conheciam perfeitamente todos os candidatos que se apresentavam para a Iniciação.

Depois dessas últimas provas preparatórias, o *thesmosphores*, ou introdutor, tomava o candidato pela mão e, após vendar seus olhos, conduzia-o à porta dita *dos homens*, cujo exterior era guardado pelo último iniciado recebido, e que era chamado de *pastophoris*; o introdutor batia nas costas do guardião do exterior do templo e o convidava a anunciar o *récipiendaire*, e o *pastophoris* batia à porta de entrada. Perguntas eram feitas ao candidato e, depois de suas respostas, a porta dos homens se abria e ele era introduzido. Assim que o candidato encontrasse um dos sacerdotes do colégio, este descrevia diante do candidato assustado toda a sua vida profana. O Hierofante o interrogava, e se ele respondesse convenientemente a todas as questões que lhe eram perguntadas, o introdutor o conduzia ao recinto da *birantha*, que era o circuito exterior do templo, onde uma corda estendida ao redor de toda a sua extensão lhe servia de guia. Durante essa viagem, procuravam assustá-lo novamente, produzindo artificialmente em torno dele os efeitos do granizo, da tempestade e dos raios. Se sua coragem não o abandonasse, ele era levado de volta ao colégio, e os *menies* ou leitores das leis liam para ele os estatutos dos iniciados, a pena de morte que tinha menor divulgação ou a não execução dos estatutos. E se ele prometesse executar as condições que lhe estavam sendo impostas, o introdutor o conduzia com a cabeça nua diante do Hierofante. Ele se ajoelhava, a ponta de uma espada lhe era colocada sob a garganta e faziam-no dizer o juramento de fidelidade e discrição. O neófito invocava o sol, a lua e os astros para testemunhar a sinceridade do juramento que ele pronunciava voluntariamente. A venda que cobria seus olhos era retirada, e ele ficava deslumbrado diante da luz resplandecente que brilhava do trono do Hierofante. Ele era colocado entre duas colunas quadradas, denominadas *Bétilies*, e diante dele e a seus pés havia a escada com sete degraus. Ao iniciado era dada uma palavra de ordem chamada *amoun*, que significa "seja discreto". Jâmblico, que escreveu a vida de Pitágoras, assegura que os iniciados tinham um tocador manual, cada iniciado levava um chapéu em forma de pirâmide e um avental de couro em volta da cintura, chamado *xylon*, e em volta do pescoço um colete que descia pelo peito. A teogonia, a física, a causa dos ventos, dos relâmpagos e dos trovões, a anatomia, a medicina e a arte de compor os medicamentos, a língua simbólica e a escritura vulgar dos hieróglifos eram as ciências que se ensinava passo a passo a cada novo Iniciado ou Aprendiz. Esses últimos documentos extraídos do *Crata Repoa* nos parecem pertencer muito mais às iniciações de Elêusis do que às iniciações de Mênfis, o que explica por que as grandes provas físicas não figuravam nela. O que nos fortalece nessa opinião é que as sociedades que se exilaram de Roma para ir à Suécia mantinham a Iniciação dos gregos, e esses iniciados instituíram os mistérios consagrados à deusa Herta, como exporemos adiante. Aí está por que os alemães tinham de possuir o *Crata Repoa*; mas duvidamos de que as provas que eles descrevem sejam precisamente aquelas dos egípcios, uma vez que elas não englobam nem as mais difíceis nem as mais perigosas, e nós nos convenceremos mais tarde de que a escada misteriosa não era explicada antes do último grau das grandes iniciações, representado pelos graus de Kadosch, e não no primeiro grau, como diz o *Crata Repoa,* que divide as grandes iniciações em sete graus. Sob essa última visão, ele está de acordo com o ritual filosófico e o ritual francês, que reduziram toda a Maçonaria a sete graus; e o ritual filosófico retificado de Dresde ainda explicava como, em 1770, se pôde publicar o *Crata Repoa*. As provas de cada um dos sete graus não eram geralmente conhecidas, e acreditamos dever reportá-las na história geral da Iniciação, da qual nos ocupamos, a fim de nada omitir.

PROVAS DO SEGUNDO GRAU

Se, durante o curso de seus estudos, o *pastaphoris* desse provas de inteligência nas ciências que lhe eram ensinadas, era-lhe imposto um jejum mais ou menos prolongado para prepará-lo para tornar-se *néocoris*. Os eclesiásticos destinados a receber as ordens sagradas observavam o mesmo jejum antes de cada ordenação. Após doze ou quinze dias de jejum, o iniciado era colocado dentro de uma câmara escura chamada *endimion*, e mulheres sedutoras lhe serviam iguarias delicadas, para reanimar suas forças esgotadas e reavivar a excitação do amor: as esposas dos sacerdotes e mesmo as virgens consagradas a Diana iam visitar o iniciado. Elas o incitavam ao amor com todo tipo de provocações, e ele deveria resistir, para provar o controle que ele tinha sobre si mesmo. Essa prova era tão sobre-humana que não poderia ser comparada com aquela de Tântalo, e os egípcios conheciam muito bem a natureza para expor o iniciado a um perigo que os sacerdotes de Vesta não podiam evitar, apesar do pavor que lhes era reservado. O que quer que fosse, se o iniciado triunfasse, o *thesmosphores* o interrogava sobre ciências a respeito das quais ele havia estudado e, depois de suas respostas, o *stolista* (ou encarregado da aspersão) aspergia água sobre o iniciado para purificá-lo e para lembrá-lo do inocente pecado de Eva. O *thesmosphores* corria ao encontro do iniciado, lançando sobre seu corpo uma serpente viva, agarrando-o pelo avental e levando-o para um local que parecia repleto de répteis, tratando de tentar levar medo à alma do *néocoris*. A seguir, era levado entre duas colunas bastante elevadas que representavam o oriente e ocidente, no meio das quais se percebia uma garra que empurrava uma roda diante dele: ele era o emblema do sol, e a roda, o centro da qual partiam quatro raios, representando as quatro estações. O *néocoris* recebia como insígnia um bastão com uma serpente ao seu redor: era o emblema de Mercúrio. A palavra de ordem era Eva, e o Hierofante contava a história mitológica da queda da espécie humana. O sinal era para fazer cruzar os braços sobre o peito. O trabalho do *néocoris* consistia em lavar as colunas. Os estudos desse segundo grau tinham por objetivo calcular a higiometria (que servia para avaliar as inundações no Nilo), a arquitetura, a geometria, a aritmética e as escalas das medidas das quais deveríamos nos servir posteriormente.

Provas do Terceiro Grau

A Iniciação nesse grau dependia do progresso mais ou menos rápido que o *néocoris* fazia dentro das ciências em que era desenvolvido, e depois que o colégio o julgasse digno desse grau, era dado ao candidato o título de *melanephoris*. Ele era conduzido a um vestíbulo pelo *thesmosphores*, acima da entrada da qual estava escrito em letras grandes: *Porta da morte.* Era o título do grau. Esse vestíbulo estava repleto de diferentes espécies de figuras de múmias e de ataúdes. Como era o lugar onde se depositavam os mortos, o novo iniciado encontrava nele os *paraskistes*, ou seja, aqueles que abriam os cadáveres, e os heróis, homens sagrados que embalsamavam os mortos e que cuidavam desse trabalho. No meio desse local estava a tumba de Osíris, que era tingida de sangue para representar o seu suposto recente assassinato. Esta última descrição nos parece duvidosa, porque não é presumível que os mortos fossem depositados no recinto dos mistérios, onde ninguém poderia entrar. Além do mais, os anais do mundo nos disseram que a instituição das múmias remonta ao ano 1996 antes da Era Vulgar, enquanto que os Mistérios Egípcios foram instituídos 2900 anos antes da nossa era, o que estabeleceu o anacronismo de mais de mil anos, e a arte das múmias é a mesma arte do embalsamamento. Aliás, a época das múmias corresponde àquela época obscura e incerta dos conhecimentos científicos do Egito e, como a maior parte dos documentos que os abordavam desapareceu no incêndio da biblioteca de Alexandria, que ocorreu na época de Júlio César e de Omar, califa dos sarracenos, não resta nada além de alguns fragmentos em Sanchoniathon, que viveu em 1556 antes de nossa era, e em Manéthon, sacerdotes de Diospolis, que só escreveu a partir do ano 272 antes de nossa era. É ainda a Antiguidade que nos fez descobrir aquele novo erro do *Crata Repoa*. Era dentro do templo da morte que se perguntava ao *melanephoris* se ele havia participado do assassinato de seu mestre. Após resposta negativa, dois *tapixcytes* ou *fossoyeurs* se apoderavam dele e o levavam a uma sala onde se achavam reunidos todos os *melanephoris* vestidos de preto. Isso fazia supor que todos eles trajavam vestes pretas de acordo com o uso oriental. O rei assistia a essa recepção. Ele abordava o *récipiendaire* com um ar agraciado e apresentava-lhe uma coroa de ouro, propondo-lhe aceitar colocá-la mediante suportar as provas às quais ele seria submetido. Tertuliano assegura que o candidato, sabendo que deveria rejeitar essa coroa, a esmagava com os pés, e então o rei gritava: *Ultraje, vingança!*, empunhando o machado dos sacrifícios e batendo levemente na cabeça do novo iniciado.

Os dois *tapixcytes* viravam o *récipiendaire* e os *paraskistes* o enrolavam com as bandagens de múmia, e todos os iniciados presentes gemiam em volta dele. Ele era conduzido para perto de uma porta onde estava escrito *Santuário dos espíritos*. Apuleio assegura que, no momento em que a porta se abria, os trovões se faziam escutar, raios brilhavam e o pretenso morto se encontrava cercado pelo fogo. Caronte apoderava-se dele como se fosse um espírito e o descia para dentro de um santuário onde estavam os juízes das sombras, e Diodoro da Sicília afirmava que Plutão, sentado em sua cadeira, tinha a seu lado Bhadamante e Minos, assim como Alecton, Nicteu, Alastu e Orfeu. O candidato era submetido a um interrogatório moral e científico, e era condenado ao erro dentro das galerias subterrâneas. Suas bandagens eram retiradas e as três sentenças seguintes lhe eram pronunciadas:

1ª Jamais ter sede de sangue e roubar a segurança de seu semelhante, uma vez que sua vida esteja em perigo;

2ª Conceder sepultura a todos os mortos;

3ª Esperar uma ressurreição dos mortos e um julgamento futuro.

O Ir∴ Bailleul acredita que este último dogma não pertence aos egípcios, e que devemos atribuí-lo a Platão. E nós acreditamos que a ressurreição dos mortos era um dogma egípcio, uma vez que os egípcios acreditavam na metempsicose: o culto de Osíris e de Ísis o comprova. O julgamento futuro faz parte da doutrina de Platão. O símbolo desse grau consistia de um embaraço particular, que devia exprimir o poder da morte. As palavras eram *Monach, Caron, Mini*, que querem dizer *Eu conto os dias de desespero.*

As ciências que eram ensinadas nesse terceiro grau eram o desenho, a pintura, uma escrita chamada hierogramatical para poder ler a história do Egito, a geografia e os elementos da astronomia, que eram traçados dentro dessa língua; nova prova que as múmias mencionadas dentro desse grau ainda não existiam, e que era sem razão que elas eram representadas. Enfim, ensinava-se a retórica, arte indispensável para o ensinamento. O *Crata Repoa* assegura que os iniciados nesse grau ficavam dentro dos subterrâneos para que dessem provas de capacidade de poder adquirir os conhecimentos científicos mais abstratos. Pensamos que essa afirmação é errônea, pois somente os iniciados que se destinavam ao sacerdócio eram retidos nos subterrâneos, para que lhes fosse inspirado o gosto pelos estudos, para habituá-los à vida solitária e fazê-los renunciar à sociedade. E somente o exemplo de Moisés que, após ter sido iniciado, retornou ao seio da sociedade, já é suficiente para justificar nossa opinião.

Provas do Quarto Grau

A batalha das sombras (*christophoris*)

O tempo dos estudos do terceiro grau, que era chamado de tempos de sofrimento, durava dezoito meses. E após o progresso do iniciado, o *thesmosphores* ia para perto dele e lhe dava uma espada e um escudo. A espada era bem conhecida entre os egípcios, mas os orientais só foram conhecê-la na época da primeira cruzada regular. Ele o convidava a segui-lo. Eles percorriam galerias de sombras e, chegando a uma esquina, homens mascarados sob figuras horrorosas, cercadas de serpentes, tendo tochas nas mãos, atacavam inesperadamente o iniciado, gritando: *Panis*.

O *thesmosphores* incitava o candidato a afrontar o perigo e a combatê-lo. Ele se defendia com coragem, mas sucumbia pela quantidade de homens. Apoderavam-se dele, vendando-lhe os olhos, passava-se uma corda em seu pescoço, fixada a um bastão, com o qual ele era arrastado pelo chão até uma sala onde deveria ser iniciado. As sombras distanciavam-se subitamente, e novos gritos se faziam ouvir. Ele era levantado e introduzido na assembleia; mas já estava tão sem forças que não conseguia se sustentar. Deixavam-no ver a luz novamente, seus olhos eram chocados pela mais brilhante decoração. O rei sentava-se ao lado do *demiourgos* ou inspetor. Presumimos que o autor alemão quis designar o Hierofante pela palavra rei, porque naquela época tão distante o sacerdote exercia o poder espiritual e o poder temporal, e o Hierofante presidia a todas as iniciações.

O *Odus*, ou o orador, pronunciava um discurso para encorajar o candidato, porque ele deveria suportar outras provas. Com efeito, após a elocução do orador, era apresentada ao neófito uma taça com uma bebida muito amarga, que se chamava *cice* e que ele tinha de beber completamente. Ele era revestido de diversos ornamentos, recebia o escudo de Ísis ou o de Minerva. Calçavam-lhe com as botas de Anúbis, cobriam-no com o manto de Orci, ornado com seu capuz. Ignoramos de onde o autor alemão tirou que Anúbis usava botas, porque, a partir da gravura de Moreau jovem, Anúbis é representado com a cabeça de um cão, com a boca aberta e raios cercando sua cabeça. Ele leva na mão direita um bastão cercado de uma serpente, na mão esquerda a chave do Nilo, que é a chave táutica ou cruciforme das divindades egípcias: uma malha fixada na cintura cobre a parte superior das coxas e todo o resto do corpo é nu: essa divindade não tinha nenhuma outra vestimenta nos templos egípcios. As botas e o coturno pertencem mais aos gregos do que aos egípcios, o que não nos permite acreditar que as botas figurassem em um dos graus de Iniciação egípcia. Além disso, o neófito era levado para um cemitério, com a ordem de cortar a cabeça de um indivíduo que encontrasse no fundo de uma caverna um pouco mais distante onde ele iria entrar e trazê-la consigo. No mesmo instante, cada membro do colégio escrevia: *Níobe, aí está a caverna do inimigo*.

Entrando na caverna, o *récipiendaire* percebia a figura de uma mulher muito bonita que tinha uma pele muito fina, e era tão bem-feita que parecia estar viva.

O novo *christophoris* se aproximava. Ele a trazia pelos cabelos, cortava sua cabeça, que levava para a assembleia, e, com todo o louvor de sua ação heroica, era anunciado que essa cabeça era a de Gorgo, esposa de Tífon, aquele que havia provocado o assassinato de Osíris. Foi depois dessa fábula mitológica que se criou o grau de eleito entre os nove. O candidato era convencido a ser sempre um vingador do mal. Este último preceito é contrário às leis do Egito: eles eram tão justos que a vingança não era conhecida entre eles, e foram durante muito tempo os mais felizes dos mortais.

O nome do iniciado era inscrito em um livro no qual se encontravam os nomes de todos os juízes do país. A ele era dado um ornamento que ele podia colocar apenas na recepção de um *chistophoris* ou somente na cidade de Sais. Esse ornamento representava Ísis ou Minerva, sob a forma de um mocho; eram explicadas a ele todas as alegorias pertinentes ao grau que havia acabado de receber. A legislação constituía o estudo especial dos iniciados. Diodoro da Sicília diz que era revelado ao iniciado que o nome do grande legislador era *Jaoh*: esse nome servia de palavra de ordem. O capítulo dos *chistophoris* se chamava *pixon*, ou seja, o tribunal ou berço da justiça. A palavra usada para os discípulos era Sosychis, que foi um antigo sacerdote egípcio cujas decisões sempre foram marcadas pela sabedoria: ensinava-se aos iniciados a linguagem amônica ou misteriosa.

PROVAS DO QUINTO GRAU OU BALAHATE

Todo iniciado do quarto grau tinha direito de pedir para passar ao quinto, e o *demiourgos*, ou inspetor, não podia recusar esse pedido.

No dia da recepção, o candidato era conduzido a um lugar onde a assembleia se reunia e, após ser amigavelmente acolhido, ele era introduzido em uma sala disposta para uma representação teatral. Esse grau consistia de uma ação dramática da qual todo membro fazia parte, exceto o candidato, que era somente um espectador.

Um personagem, chamado Hórus, acompanhado dos vários *balahates* carregando tochas, marchava pela sala e parecia procurar alguma coisa. Chegando à porta de uma caverna, de onde vinham as chamas, Hórus tirava a sua espada: o assassino Tífon estava no fundo da caverna, sentado, e tinha o ar abatido. Hórus se aproximava, Tífon se levantava e se mostrava sob uma aparência assustadora. Cem cabeças repousavam sobre suas costas. Todo o seu corpo estava coberto de escamas e seus braços tinham um comprimento desproporcional. Apesar desse aspecto apavorante, Hórus avançava sobre o monstro, derrubando-o e assassinando-o depois de decapitá-lo. Seu corpo era jogado na caverna, de onde não paravam de sair torrentes de chamas, e, sem proferir uma palavra, mostrava aquela cabeça horrorosa. É essa fábula mitológica que serve de base para o décimo primeiro grau. Essa alegoria era explicada ao novo *balahate*; ensinava-se a ele que Tífon representava o fogo, agente tão terrível e tão necessário; que Hórus era o emblema do trabalho e da indústria;

e que, com a ajuda do fogo, a genialidade do homem podia operar maravilhas. Os estudos desse grau eram especialmente consagrados à alquimia e não à química, como foi indicado pelo autor do *Crata Repoa*. Esta última ciência é totalmente moderna, uma vez que Hermes fundou a alquimia, e os egípcios cultivaram essa ciência que se concentra no 26º grau.

PROVAS DO SEXTO GRAU, INTITULADO
A ASTRONOMIA DIANTE DA PORTA DOS DEUSES

Os estudos do grau precedente deveriam ser os mais difíceis e ao mesmo tempo os mais desencorajadores, porque a alquimia não pôde jamais alcançar o objetivo que ela se havia proposto, pois ela corria atrás de um fantasma. Seus trabalhos longos e penosos não lhe permitiram nem ao menos conhecer a composição da terra, do fogo, da água e do ar, porque os antigos os consideraram como quatro elementos indecomponíveis. Depois que os iniciados do 6º grau já estavam suficientemente instruídos nessa ciência especulativa, o iniciado era preparado antes de lhe ser conferido o grau. Ao entrar na sala, ele era acorrentado, o *thesmosphores* o conduzia a seguir até a porta da morte, onde era necessário descer quatro degraus, porque a caverna que era necessária para a recepção era a mesma do terceiro grau: agora ela estava cheia de água, para fazer navegar o barco de Caronte; os ataúdes colocados aqui e ali chocavam os olhos do candidato. Ele aprendia que eles guardavam os restos dos iniciados e condenados à morte por terem violado os seus juramentos. A mesma sorte seria reservada a ele se tivesse a infelicidade de imitar o exemplo deles, e ele pronunciava um novo juramento no meio da assembleia, e depois disso eles lhe explicavam a origem dos deuses, objeto de adoração das pessoas, abusavam de sua credulidade e controlavam-na. Faziam-no sentir a importância de conservar o politeísmo. É nesse grau somente que a doutrina do primeiro grau se desenvolvia nele, que tinha por objetivo um único ser superior que envolve todos os tempos, presidia à unidade, a admirável regularidade do sistema do universo, e que, por sua natureza, estava acima da compreensão do espírito humano. Após a recepção, o iniciado era conduzido à porta dos deuses e introduzido no Panthéon; ele via todos os deuses representados por magníficas pinturas. Era colocado sob seus olhos o quadro geral de todos os iniciados até ele. Ensinavam a ele a dança dos sacerdotes, cujos passos imitavam o curso dos astros, e a palavra de ordem *ibis*, que significa guindaste e era o símbolo da vigilância. A ciência que se ensinava aos iniciados nesse grau era a astronomia em todas as suas partes, tanto teórica como prática, e sua aplicação positiva ao culto. Os iniciados eram habituados a fazer observações astronômicas, diurnas e noturnas: esse sexto grau forma a base que constitui a doutrina que concentra os graus 21º, 22º, 23º e 24º do Rito Escocês. Ao desenvolvê-los, compreende-se toda a importância do sexto grau; entretanto, esse grau menciona duas instituições, das quais uma foi desconhecida dos egípcios e a outra foi pouco tempo depois esboçada por eles. O primeiro Panthéon foi estabelecido em Roma no ano 25 de nossa era; os egípcios não o tiveram jamais, de onde resulta que era impossível que nas iniciações egípcias se conduzisse um iniciado a um Panthéon. O Egito jamais possuiu pinturas magníficas, suas pinturas foram sem proporções de desenho, sem expressões de figuras, sem coloridos graduados; as pinturas magníficas não datam de antes da época brilhante da Grécia, ou seja, 450 anos antes da Era Vulgar, e nós encontramos essa época famosa no 28º grau, nova prova da necessidade de adentrarmos profundamente na Antiguidade para descrever melhor suas instituições.

Enfim, destacaremos que o politeísmo foi a crença religiosa dos gregos e a metempsicose, dos egípcios, de onde segue que o *Crata Repoa* descreve mais vezes as iniciações gregas do que as egípcias.

PROVAS DO SÉTIMO GRAU, INTITULADO PROPHETA OU SAPHENAT PANCAM

Segundo Jâmblico, o homem que conheceu os mistérios

As provas antecedentes não deixam nenhuma dúvida de que os seis primeiros graus não foram consagrados ao estudo ou às partes científicas que se desenvolviam dentro das antigas iniciações, e o sétimo nos parece ter sido consagrado ao professorado ou ao sacerdócio.

Tendo sido os astros o objeto de todos os cultos primitivos e particularmente o das iniciações, era necessário ter noções de astronomia mais estendidas e mais positivas do que em qualquer outro grau para obter-se o sétimo grau. O *Crata Repoa* também diz que o astrônomo só poderia obter esse grau, que completava sua instrução e que o tornava apto a todas as funções, mesmo públicas e políticas, com o consentimento do Hierofante, do *demiourgos* e de todos os membros internos da associação.

Esse grau era dividido em dois pontos; no primeiro, era dada ao neófito uma explicação detalhada e completa sobre todos os mistérios; essa instrução era seguida de uma procissão pública, chamada de *pamylach*, que significa circuncisão da língua. O iniciado adquiria o direito de falar sobre tudo, e, consequentemente, poderia professar e ensinar. Nessa procissão eram expostos à vista das pessoas todos os objetos sagrados, e o novo profeta caminhava à esquerda do grande Hierofante e os *demiourgoi* à sua direita. Essa procissão entrava no templo após ter percorrido diversos lugares públicos de Mênfis. Ao cair do dia, todo o colégio de iniciados saía clandestinamente da cidade e se reunia em uma grande construção de forma quadrada, não muito longe de Mênfis, composta de vários cômodos ornamentados com pinturas representando o curso da vida humana; esse lugar era chamado de *maneras*, ou habitação dos mânes. Via-se nos cômodos uma grande quantidade de colunas, entre as quais estavam os ataúdes/caixões e as esfinges.

Ali chegando, era apresentada ao um novo profeta uma bebida chamada *oimellas*, que era provavelmente uma mistura de vinho com mel, e se anunciava que havia chegado ao término de todas as provas, e a doçura da bebida expressava a recompensa que ele iria receber pelos seus longos estudos. Davam-lhe a cruz táutica, cujo significado somente era conhecido pelos iniciados nesse último grau, e que eles levavam sempre consigo. O novo iniciado era vestido com uma veste branca rajada muito bonita, bem ampla, que era chamada de *etangi*. Raspavam sua cabeça e o corte era em forma quadrada: o significado principal era de levar as mãos cruzadas dentro de suas mangas, que eram bem largas. A maior parte das ordens religiosas conservou esse gesto.

Os iniciados desse grau podiam ler todos os documentos misteriosos que eram escritos em língua amônica, que era chamada de *barras reais*, e para os quais lhe davam a chave: somente esses iniciados concorriam para a eleição de rei.

A palavra de ordem era *adon*, que quer dizer senhor, raiz de Adônis, singular de Adonaï, que significa sol.

As provas, ou mais ainda o cerimonial desse grau, representam nada mais nada menos que a consagração do sacerdócio. Existe uma semelhança espantosa com a ordenação dos padres católicos, e pensamos que esse último grau era conferido somente àqueles que eram destinados a tornarem-se sacerdotes do templo de Mênfis, ou destinados ao serviço paroquial dos diversos templos egípcios. Moisés nos parece ser o único que recebeu esse grau e que não foi agregado aos templos egípcios, mas ele tornou-se a seguir o grande Hierofante do culto hebreu; ele conferiu esse grau a seu irmão Aarão, a quem ele instituiu grão-sacerdote. Porém, não acreditamos que a maior parte dos antigos filósofos tenha sido iniciada nesse grau, e a descrição das provas desse último grau têm pouca relação com as iniciações que a precederam; ele não envolve nem mesmo o estudo de uma ciência especial, o que prova que o sexto grau era o complemento da ciência que se ensinava nos mistérios da Antiguidade.

Apesar das notas críticas que nos forneceram a exposição das provas, retratadas no *Crata Repoa*, devemos elogios ao Ir∴ Bailleul por sua interessante tradução. Esse opúsculo lança uma grande luz sobre a correlação da maior parte dos graus escoceses com as antigas iniciações; ele deve ter servido de guia aos instituidores da maior parte dos escritos desse ritual, e se esses escritos foram concebidos e executados por um russo, assim como se presume, é bem possível que ele possuísse o *Crata Repoa* impresso na Alemanha, já que os ingleses possuíam a maior parte dos graus altos bem antes dessa época, e os documentos estavam sob a posse da Grande Loja Metrópole da Escócia. Por outro lado, qualquer que seja a fonte do Rito Escocês, não poderemos contestar suas relações imediatas com as antigas iniciações, sobretudo quando tivermos desenvolvido os diversos graus. E os maçons que possuem os altos graus podem já se convencer de que as provas, o ritual e o cerimonial dos graus egípcios e gregos que acabamos de expor são quase literalmente observados nos primeiros graus do Rito Escocês; aqueles do terceiro grau apresentam uma semelhança espantosa com as provas, o ritual e o cerimonial para o grau de mestre, e encontraremos nos graus científicos do ritual escocês quase todas as ciências que assinalamos nos diversos graus das antigas iniciações, o que tende a provar que o que foi estabelecido nos escritos nos serve de guia e que deve ter tido noções mais ou menos positivas sobre os diversos mistérios da Antiguidade. Por obscuros que sejam os detalhes relatados em nossos escritos, nos parecerem suficientes para estabelecer a identidade da Maçonaria com as antigas iniciações, se prestamos atenção sobretudo no fato de que a publicação do *Crata Repoa* data de apenas alguns anos, e como os escritos sobre o "Escocismo"[6] são já bem mais antigos, seremos forçados a convir que, para que haja concordância entre nossos manuscritos e o opúsculo alemão, seus respectivos autores devem ter extraído seus documentos das mesmas tradições.

TERCEIRA SEÇÃO

AS RELAÇÕES QUE EXISTEM ENTRE A MAÇONARIA E AS ANTIGAS INICIAÇÕES

Expusemos anteriormente que os brâmanes e os magos adotaram em seus respectivos ensinamentos somente a doutrina *esotérica*, ao passo que, nos Mistérios Egípcios e nos Mistérios Gregos regulamentados por Orfeu, foram adotadas a doutrina esotérica e a doutrina exotérica. A exemplo dos brâmanes e dos magos, a Maçonaria teve de se basear no método esotérico, porque ela não foi encarregada legalmente de instruir o povo, como foi o sacerdócio egípcio e o sacerdócio grego. Daí resulta que a Maçonaria, não tendo adotado outra senão a doutrina esotérica, se encontra perfeitamente de acordo com todos os mistérios da Antiguidade, uma vez que essa doutrina foi exclusivamente aquela de todas as iniciações. Nosso modo de ensinamento seria inteiramente idêntico ao modo de todos os mistérios do Oriente, se aqueles que presidem os trabalhos desenvolvessem os conhecimentos científicos que encerram os símbolos e as alegorias dos diversos graus que eles conferem, porque nosso

---

6. *N. T.: Escocismo: a mais antiga forma de maçonaria regular.*

método clandestino não difere muito do método do sacerdócio da Antiguidade nem daquele do sacerdócio moderno, uma vez que nossa doutrina foi desenvolvida somente para os adeptos que aprovamos. Nós lhe impomos um silêncio tão rigoroso quanto o de Mênfis, de Elêusis ou de Orfeu. Como eles, nós proibimos nossos iniciados de falar de nossos mistérios em outro lugar que não sejam os nossos templos e somente com os adeptos que possuam o grau que permita fazer dos mistérios o assunto de sua conversação. Somos forçados, na realidade, a não simbolizar nada além das provas físicas e morais das antigas iniciações, mas a descrição que fizemos prova que poderíamos executá-las em todos os rigores se, por um lado, cada iniciado pagasse uma retribuição proporcional às despesas que as provas exigiriam, e se, por outro, as localidades das quais nos servimos fossem convenientemente dispostas e se possuíssemos as máquinas indispensáveis para executar as provas que seriam perigosas demais hoje em dia para expor as verdades filosóficas, que são difundidas, e que podemos desenvolver sem deixar correr qualquer risco a nossos neófitos. A química moderna, por outro lado, demonstrou que o fogo, o ar, a terra e a água são corpos compostos; as provas preparatórias das antigas iniciações não serão mais do que ficções sem utilidade, uma vez que esses quatro corpos não podem mais ser considerados como os quatro elementos da natureza, ainda que a Antiguidade tenha sido levada a acreditar nisso.

 Os símbolos que possuímos, os hieróglifos de nossos templos e aqueles que formam os caracteres para escrever de acordo com cada grau, as alegorias e o estilo parabólico de nossas escrituras estão perfeitamente em conformidade com os dos antigos mistérios, porque o triângulo simboliza a teogonia deles, as imagens do sol e da lua representam Osíris e Ísis dos Mistérios Egípcios. As ferramentas do segundo grau simbolizam as diversas ciências que se ensinavam nos antigos mistérios, e encontraremos essas mesmas ciências tanto nos graus capitulares como nos graus filosóficos. A escada misteriosa do 30º grau é a mesma escada dos Mistérios de Mênfis. A denominação da terceira parte desse grau deriva-se dos mistérios de Atenas, que foram uma imitação dos Mistérios da Samotrácia. Mas a mais espantosa de todas as semelhanças com relação às iniciações da Antiguidade é mesmo o nome de nossos templos maçônicos. Ele está em perfeita conformidade com os lugares nos quais eram celebrados os antigos mistérios: a palavra *loge*, em vez de derivar, como se poderia pensar, da palavra *loger*, significa *mundo* na língua sagrada do Ganges. E quem poderia duvidar que mundo não seja o verdadeiro sentido da palavra *loge*? Quando questionados sobre de onde viemos, respondemos constantemente: da Loja de São João, como se a Loja de São João fosse uma coisa única e universal. A grande Loja da Escócia recebeu o título de Metrópole Universal.

De acordo com os persas, a palavra *loge* vem de *jehan*, e a Pérsia foi o berço primitivo da Iniciação científica. Dentro da instrução do segundo grau, vemos que a Loja está coberta de um tecido azul estampado de estrelas e que sua dimensão é incalculável. Poderia o universo estar mais bem simbolizado? E, para que não reste nenhuma dúvida com relação a isso, dizem que sua dimensão deve ser de um quadrado muito longo, e essa dimensão é precisamente a que foi conhecida dos antigos. Destacaremos, apoiados nessa etimologia, que o templo de Jerusalém também representava o mundo, tanto por sua unidade como pela disposição de suas partes.

Os mais sábios judeus e cristãos, a saber, Josephe, o historiador, Philon e Clemente de Alexandria, justificam esse significado. O antro de Mitra, onde se passavam os mistérios dos magos, também representava o mundo, assim como o antro de Átis.

Enfim, a marreta, ela mesma, mostra a analogia da Maçonaria com os antigos mistérios, porque a marreta representa a cruz truncada gnóstica ou bafomética, aquela que era nada mais nada menos que a própria chave táutica ou cruciforme das divindades egípcias, somente com a única diferença de que a chave táutica é envolvida por um anel por onde os personagens dos hieróglifos a seguram em suas representações; visto que a chave táutica dos egípcios era o símbolo do poder e da autoridade, e ela era dada somente aos iniciados do último grau, que era a consagração do sacerdócio. A marreta, sendo por sua vez o símbolo do poder e da autoridade maçônica, era confiada apenas aos três primeiros gênios encarregados de dirigir as iniciações e de instruir os adeptos.

Cremos poder concluir que não se pode pôr em dúvida o fato de que as iniciações que praticamos sejam uma continuação daquelas da Antiguidade, e não uma imitação, como muitos maçons têm acreditado até o presente momento.

A Maçonaria Difere dos Antigos Mistérios?

Após ter demonstrado que as iniciações modernas são a representação fiel daquelas da Antiguidade, a questão que nos propomos examinar parece, em um primeiro aspecto, ou inútil ou paradoxal; e, enquanto isso, apesar da identidade da doutrina, dos símbolos, das provas, do engajamento, dos silêncios e o templo que apresenta a Maçonaria com os mistérios da Antiguidade, ela oferece não menos que diferenças significativas. Com efeito, os princípios religiosos que professa a Maçonaria repousam sobre a religião filosófica, em que a fé é tão positiva que é inabalável, porque é esclarecida pela convicção mais íntima. A Maçonaria teve a sabedoria de não adotar nenhum culto em particular, mas se ela não rebate qualquer religião, também não impõe nenhuma, uma vez que se limita a sondar a crença de cada neófito e se vê no dever de respeitá-la. Ela consagrou por essa neutralidade religiosa a liberdade de consciência e sua teogonia explícita é o teísmo, cuja instituição remonta a 2.000

anos antes da Era Vulgar, uma vez que o motivo da teogonia dos antigos mistérios foi o sol. O culto deles foi o culto dos astros, e seus sacerdotes impuseram essa religião a todos os iniciados.

Substituímos a metempsicose dos egípcios pela imortalidade da alma, dogma consolador e racional ao mesmo tempo, porque a alma, primeiro instrumento de nossas faculdades intelectuais, é nobremente representada pelo pensamento, e ainda que a essência do pensamento seja tão incompreensível e tão impalpável como a essência de Deus, sua existência é tão positiva como a de Deus, de onde se conclui que a alma deve ser tão imortal quanto a fonte eterna de onde ela emana.

Os brâmanes, os sacerdotes de Mênfis, da Samotrácia, de Elêusis, de Orfeu, e mesmo os essênios admitiam em seus mistérios somente uma certa classe de homens, embora nossos templos estejam abertos a todo homem livre que nos ofereça as garantias morais e científicas exigidas por nossos estatutos.

A filantropia e a caridade foram praticadas pelos essênios, pelos cristãos e nos Mistérios Romanos, tanto que uma e outra constituem as bases principais de nossa Instituição.

O sistema de nossa Iniciação acha-se dividido em uma infinidade de graus que parecem pouco concordantes com aqueles da Antiguidade, uma vez que Mênfis teve somente sete graus, a maior parte dos outros mistérios não teve mais do que três, os Essênios dez, e o Cristianismo Primitivo não teve mais do que um, enquanto que o Rito Escocês primordial conta com 25 graus, e esta última classificação nos parece mais racional do que a classificação de Mênfis, porque cada um de seus graus era exclusivamente consagrado a uma ciência, a uma época, a um evento ou a um fato notável. O conjunto deles engloba mais objetos diferentes, cujo estudo é mais fácil, porque cada grau oferece a vantagem de poder sondar a capacidade de um neófito e de não o forçar a transpor os limites que a natureza impôs à sua inteligência, de onde resulta que a classificação do Rito Escocês permite expandir uma instrução geral e proporcional, uma vez que cada grau dos Mistérios de Mênfis engloba várias ciências por vez, o que tornava as iniciações raras e difíceis, e a instrução, longe de expandir-se, concentrava-se cada vez mais em um certo número de homens superiores, cuja maior parte se consagrava ao serviço dos templos.

A quantidade de instituições científicas dos antigos mistérios foi limitada e suas escolas especiais de ensinamento foram sempre dirigidas pelas castas privilegiadas, tanto que a Maçonaria compreende um grande número de escolas de ensinamento mútuo e conta com os ateliês, nos quais aquele dentre os seus adeptos que é escolhido por seus companheiros dirige a instrução.

Os sacerdotes dos antigos mistérios tomaram por lema: concentrar os conhecimentos humanos no santuário do templo. Os maçons tomaram por lema: espalhar os conhecimentos que adquirimos. *Spargere collecta.*

Enfim, uma última diferença, que não é a menos útil, se faz notar em nossos signos de reconhecimento e em nossa linguagem mística, espalhada até hoje sobre toda a superfície do globo; meios tanto engenhosos como admiráveis, uma vez que eles nos dão a facilidade de nos colocar em contato com os povos mais distantes, qualquer que seja seu idioma. E, com a ajuda de uma linguagem ininteligível, encontramos Irmãos de uma infinidade de países, que, sem ela, nos seriam desconhecidos. É pelo incompreensível poder moral da Iniciação que os inimigos obstinados dos combates sangrentos tornam-se logo a seguir amigos íntimos. Enfim, é a essa frágil autoridade moral que milhares de maçons deveram a conservação de seus dias, uma vez que eles aguardam apenas a morte.

Resulta do insuficiente paralelo que acabamos de expor que as diferenças que separam sobre diversos pontos a Maçonaria das antigas iniciações são as melhorias introduzidas pelos progressos da civilização.

Propagação da Iniciação

Examinemos agora quais são os caminhos que a Iniciação percorreu antes de chegar até nós.

O autor do *Poema da Maçonaria*, que traçou essa parte gráfica de uma maneira tão extensa quanto precisa, tomou por ponto de partida a Idade Média, ou seja, a época em que Roma foi dominada. A glória dos mistérios, diz Court de Gibelin, jamais havia aparecido com tanto brilho como depois que os romanos puseram as nações sob o seu jugo e que lhe serviram a si mesmos como escravos vis e rompantes de monarcas insensatos; é nos mistérios que seu libertador expirante veio buscar asilo: foi por eles que a ordem, banida por todos, procurava se sustentar, e que ele confiou aos iniciados que um dia eles a veriam restabelecida. Tocados, sem dúvida, por essa doce esperança, e penetrados pelas vantagens da Iniciação, vários iniciados resolveram seguir o postulado e, com esse destino nobre, eles deixaram a Grécia moderna e foram se refugiar na Escandinávia, onde estabeleceram um dos mistérios. Aqui está como o autor do *Poema da Maçonaria* retrata essa corajosa emigração:

> *Os Irmãos dispersos, vencedores dos elementos,*
> *De uma parte a outra do mundo trocando seus sermões,*
> *As mais raras virtudes os encorajavam sem cessar,*
> *Ou, levando a luz aos povos bárbaros,*
> *Faziam-na irradiar até os mares de Thulé.*

Ignoramos o sentido, acrescenta nosso autor, que os romanos colocaram na palavra *Thule, ultima Thule*: alguns geógrafos interpretaram como a Islândia, outros como a Groenlândia e outros como as Orcadas: aqui, diz ele, Thulé deve ser entendida como Escandinávia ou Suécia. Sua opinião é fundamentada pela passagem a seguir, extraída do sétimo capítulo dos *Martyrs*.

"*No meio do mar dos Suevos, se vê uma ilha chamada Chaste, consagrada à deusa Herta. A estátua dessa divindade está colocada sobre uma carruagem, sempre coberta por um véu. Essa carruagem, movida por dois novilhos brancos, segue, de tempos em tempos, por entre as nações germânicas. Os iniciados são dispensados, e por um momento as florestas do norte cessam de ressoar o barulho das armas.*"

Para chegar a conhecer quem é essa deusa Herta, nosso autor pensa ser necessário suprimir o *a* final, o que reduz o nome da deusa para *Hert*, provando que, de acordo com os significados inglês, alemão, dinamarquês, sueco, rúnico, árabe e hebraico, *Hert* significa *terra* em todas as línguas.

Quisemos verificar, nós mesmos, a veracidade desse significado, e, no quadro dos primeiros seres célebres que foram todos mitológicos, descobrimos que no ano 5400 antes da Era Vulgar, Tis ou Tuis, pai de Tuiston, considerado pelos alemães como o primeiro ser, casou-se com Herta ou a terra. Vemos que, de acordo com a história do mundo primitivo, Herta é uma deusa que existia muitos séculos antes da glória e da dominação romana. Como já demonstramos sua origem, Herta é um nome próprio, e nos parece que os iniciados que se refugiaram na Escandinávia ou na Suécia conheciam essa deusa e estabeleceram um culto aos mistérios em seu louvor.

Essa ilha de Chaste, no meio do mar dos Suevos, era uma outra Samotrácia, de onde partia às vezes a efígie sagrada, para semear ao longo de sua passagem a união e a paz, porque a cor branca é o emblema da pureza, e o novilho, o símbolo da fertilidade. Esses novilhos brancos eram consagrados à grande deusa do Nilo, e Herta não difere de Ísis. É na ilha de Chaste que os antigos cantores de cultos do norte colocaram a Vênus da Escandinávia, Freya, a rainha do oceano, Freya, a mulher do navio, a viúva inconsolável, chorando por Odin, Balder, que ela acreditava perdido ou morto; enfim, a carruagem e a estátua cobertas por um véu misterioso simbolizavam o véu que esconde as leis da Natureza; o véu de Ísis de Sais, *que nenhum mortal jamais havia levantado*, esse véu cuja ideia parecia ter estado presente em Sallustre, o filósofo, quando ele escreveu: "Podemos mesmo chamar o Universo de um enigma, uma alegoria".

E aí estão os mistérios reencontrados na Escandinávia, e esses mistérios confirmam a maior parte dos emblemas do 32º grau, como demonstraremos mais adiante.

Para conhecer os caminhos pelos quais eles foram introduzidos, é importante apresentar algumas pesquisas sobre os povos que, sem ter tido a Iniciação regular dos brâmanes, dos magos, dos egípcios ou dos gregos, conheceram qualquer coisa semelhante, ou a imitaram mais ou menos bem, e não hesitamos em adiantar que, qualquer que seja a nação na qual se descubram traços da Iniciação, esta não pode ter sido descoberta senão através de dois caminhos, o do *Oriente* propriamente dito ou o da *Alta-Ásia*. Seguimos então com essa divisão.

O Oriente Propriamente Dito

A Etiópia e a Arábia, vizinhas do Egito e da Caldeia, tiveram por muito tempo a mesma mitologia simbólica. Elas poderiam ser colocadas em uma mesma classificação, se lá tivessem sido formados estabelecimentos de Iniciação, tão bonitos e tão duráveis como os do Egito e os da Caldeia. Enquanto o que os antigos nos ensinaram sobre Meroé, irmã e esposa de Cambises, filho de Ciro, rei da Pérsia, a qual viveu 529 anos antes da Era Vulgar, e a magnificência das ruínas de Axum com seus obeliscos e seus hieróglifos, levam a crer que os mistérios dos etíopes foram muito notáveis; pode ser, mesmo que as tradições do Ganges tivessem tido sua raiz na Abissínia antes de descerem à represa (bacia) do Egito, o que estaria de acordo com a progressão observada sobre as margens do Nilo (Mênfis estava posterior a Tebas), e com a grande ideia que Homero deu dos etíopes.

O sol morto, diz ele, chorava por eles e também por toda parte: eles o chamaram Memmon, filho de Aurora. Se a estátua de Memmon dava a cada manhã sons harmoniosos, é porque ela era sensata de se animar então e ressuscitar, fazendo o mesmo que o astro vencedor do qual ela era a imagem.

Os sabeus, habitantes do Iêmen, que ficaram durante muitos séculos sem comunicação com os abissínios, adoravam, segundo se afirma, Baco, Vênus e Urano. Eles tinham um grande respeito pela Caaba de Meca, a mesma Caaba que no ano 629 de nossa era Maomé visitou imediatamente após sua entrada em Meca, depois retornando à Medina. Os sabeus acreditavam que a Caaba havia sido construída por Abraão, porque sua existência era imemorial. Abraão ou Ibrahim significa Brahma ou Deus, Grande Arquiteto. Os sabeus tinham o mesmo respeito pelas pirâmides do Egito, cuja construção eles atribuíam a Seth-Os. Eles iam também em peregrinação em direção à cidade de Haram, na Mesopotâmia.

Houzza, que Maomé considerava como um ídolo e que poderia bem ser derivado de seu tempo pelo esquecimento dos símbolos; Houzza, tão honrado dentro dos tributos árabes de Ghatfân, de Koreisch, de Kenânah, de Salem, era uma árvore nomeada *espinha do Egito* ou *acácia*. Maomé não pôde destruir, entretanto, todos os vestígios dessas cerimônias dos sabeus; testemunho, o curso inquieto dos peregrinos entre os montes de

Safan e Merwan, uma vez que eles pretendiam imitar a pesquisa de Ismael por Agar; testemunho da pedra negra. Os egípcios, diz Porfírio, representavam Deus por meio de uma pedra negra, porque sua natureza é obscura e tenebrosa.

A Fenícia, a Síria e a Frígia

Entre os fenícios, o culto a Adonai, a quem os gregos chamavam de Adônis, se dava com grande celebração. O início das festas se denominava *perquisição*, e o final, *descoberta*; elas duravam três dias, no final dos quais Astarte encontrava seu esposo e o via ressuscitar. Assim, sobre as margens do Oronte, como na ilha quase gelada de Cimbres, sempre uma noite tripla de duelo, sempre a natureza que, viúva daquele de quem ela recebia toda a sua alegria e fecundidade, apressa em seus votos o momento em que, vencedora das trevas, deve renascer com o calor e o brilho que havia perdido. Aquela que era chamada de deusa da Síria, diz Lucien, parecia ainda com Ísis ou Cibele, e a Diana do famoso templo de Éfeso era também uma Ísis: ele devia então fazer ali as recepções dos iniciados.

Na Frígia, onde Cibele era a grande deusa, duas festas se celebravam a cada ano nos solstícios em honra a Janus-Saturno.

Itália

Por qualquer caminho que os aborígines tivessem podido receber as noções do culto alegórico e cosmopolita, eles as tirariam, sem contradito, dos povos da Ásia mais próximos ao Mediterrâneo. Os habitantes do Lácio devem ser colocados depois dos fenícios e dos frígios, porque é certo que uma colônia de frígios veio estabelecer-se na Itália: essa é a única coisa certa que se pode tirar das tradições romanas sobre Eneias e seus troianos.

O deus mais antigo dos latinos/romanos foi Janus ou Saturno, que recebeu vários nomes e vários atributos; sabemos que ele preside às revoluções, aos ciclos, principalmente ao mais notável de todos, que é o ano. Ele é por vezes o tempo, outras a astronomia, muitas vezes o próprio sol, este grande regulador das estações e dos séculos. Janus, com sua dupla face, representa o fim e o princípio de um período qualquer.

Guianés ou Ganés, o deus de grande parte do povo brâmane, é o patrono das escolas e das academias.

Um galo, dado como companhia a Janus, é o famoso galo dos guebros; as chaves servem a ele também como marca distintiva.

Macrobe provou que o *myrthe* de Saturno era por demais misterioso, e que ele não era explicado completamente a não ser para os grandes iniciados. Mesmo o nome desse Deus foi explicado como uma luz escondida; é necessário então esperar ver nos saturnais, com um pouco de diferença, os eleusinos romanos, e cada um compreenderá então por que elas se celebravam no solstício de inverno, época de tristeza geral. Por que a festa de Ops (Cibele) era uma parte assim tão essencial? Por que, enfim, a escravidão desaparecia no meio de ideias de igualdade primitiva e dos sentimentos de afeição entre todos os homens?

Ateneu observa que os saturnais pareciam imitar as solenidades cretenses em honra de Mercúrio; aniversários tocantes em que reinava uma filantropia que recordava a Idade de Ouro. Qualquer distância que deva separar o deus da paz do deus da guerra, Janus é perfeitamente confundido com Marte, em um tempo em que cada um deles ainda não tinha recebido um conjunto de funções em particular. Marte abria o ano, que começava no equinócio da primavera, e temos conservado esse calendário. E o que levanta todo tipo de dúvida é que é feito dele o amante de Rhéa Silvia; eram por outro lado os sacerdotes de Marte, esses *Saliens* (salianos), que davam a Saturno o nome de Janès do hindu *Guianés* e do semítico *Oanés, Joannés.* Encontramos, por outro lado, a prova de que os Saliens se chamavam Polloriens. Vemos nas palavras *Sal-iens,* sacerdotes do sol, e em *Poll-or-iens,* os sacerdotes de A-poll-onor-us. Conjectura que ganhará peso pela comparação dos pélor-ies, festas tessalienses consagradas a um certo Pelorus (Bel-orus), que tinha, dizem, apressado o enxugamento das terras depois do dilúvio. Bem mais, nesses "pélories", assim como nos saturnais, as pessoas se confraternizavam, e as mesas dos banquetes eram postas para todas as pessoas, cidadãos, estrangeiros e escravos.

Conservamos essa imitação no último brinde de nossos banquetes: não é então por acaso que Horácio, em seu canto secular, invoca Apolo para que ele venha presidir o retorno da Idade de Ouro. O *Carmen soeculare*, recomposto de todos os seus fragmentos, tal como M. Daru a traduziu, é visivelmente a obra de um poeta iniciado. Horácio invoca nada menos que duas divindades, Diana e Phebo, ou seja, Ísis e Osíris.

Quando o ano romano começava, no mês de março, o sol, não devendo renascer antes do equinócio, o mês de fevereiro fazia o papel de dezembro, o que era marcado pelas cerimônias lúgubres, pelos *februa*, e o Grande Oriente estabeleceu essa cerimônia pela comemoração fúnebre que ele celebra a cada ano no mês de fevereiro. Nessa mesma época se dava a comemoração de *Anna Perenna* ou Ano Eterno, e depois da dor sucedia-se a mais viva alegria.

Depois dos Mistérios de Saturno, vinham aqueles da *Boa Deusa*, unicamente reservados às matriarcas romanas. A boa deusa era filha de Fauno ou Pã, nova maneira de expressar que Ísis era engendrada por Prometeu, ou que a natureza é filha de Deus. Nenhum aspecto lúgubre acompanhava a festa da boa deusa; nada de emblemas da morte e nada de *myrte*. Cícero, tão severo sobre a conduta das mulheres nos bacanais[7] – que, tornando-se unicamente um pretexto para a luxúria, mereciam, segundo ele, a prescrição da lei –, permite e aprova esses mistérios; ele somente deseja que sejam celebrados em pleno dia.

O que existe de mais curioso é que, depois de ter prescrito as buscas religiosas (*stipem*), ele faz uma exceção aduladora em favor das buscas praticadas no culto da boa deusa; porque, assim como hoje em dia, essas buscas eram consagradas à caridade. Arnobe cita uma fórmula que faz conhecer o uso das obras de caridade na Iniciação: "Eu jejuei, provei de Cícero, e o depositei em Calathe". A Itália teve, além disso, as Lojas do Rito Grego, ou seja, os lugares de reunião para os iniciados regulares que não haviam adotado as formalidades nacionais. Tivemos a prova nas palavras hierocélio e hierofante encontradas sobre as inscrições, e no sermão pelos Ceres Eleusianos conhecidos pelos povos do Lácio[8].

Roma, tendo multiplicado suas relações com a Grécia depois das guerras de Paul-Émile, vários de seus mais distintos cidadãos receberam a Iniciação de Elêusis. Cícero, Marco Aurélio a fizeram ter sua glória. Quanto aos mistérios ditos de Mitras e de Ísis, que se estabeleceram na capital do mundo sob o reino dos imperadores manchados pela corrupção desde o princípio, por várias vezes prescritos pelos abusos, eles pareciam muito mal diante das antigas cerimônias egípcias ou persas das quais eles tomaram o nome.

---

7. *N. T.: Bacanais: festa em louvor ao deus Baco ou Dionísio.*
8. *N. T.: Lácio ou Laccio: antiga região da Itália, onde Roma foi fundada.*

Alta Ásia

Não se pode colocar em dúvida que a alta Ásia era, há 4 mil anos, a sede de poderosos impérios, cuja origem escapa às pesquisas, e se essas nações receberam suas luzes do Industão ou se elas, ao contrário, as deram a ele, na falta de certeza, devemos colocar em uma mesma linha os seus usos e os dos brâmanes.

China

Os conhecimentos que acompanharam sempre a Iniciação penetraram em parte na China antes da ridícula religião de Fô; quanto ao método mesmo da Iniciação, ele não se propagou de maneira alguma: enquanto Confúcio, que viveu 500 anos antes de nossa era, não parece somente guiado em suas obras por um sentimento de moral natural; reconhecemos aqui e ali as tradições do centro da Ásia, e mesmo quanto ao assunto do dogma dos anjos e dos espíritos, sua opinião, como observa Pastoret, é absolutamente favorável à existência de duas doutrinas, uma externa e inteligível para o vulgar, e a outra interna, diferente e envolvida em símbolos para os espíritos amadurecidos. Ele admite cinco pontos de perfeição; ele aprecia totalmente a amizade fraternal, sobre a qual diz: "Aquele que não ama seu irmão não tem nenhuma virtude". E ele dá, por preceito aos homens, a prudência e a caridade; para as mulheres, obediência e trabalho; e, além disso, trabalhar, obedecer e calar-se.

Confúcio não fala nem sobre o silêncio nem sobre o sermão, prova de que os mistérios não existiam na China; o maior objeto de suas lições e de seus votos era levar os homens a esse amor terno e mútuo, complemento de todos os deveres; e aí está, segundo ele, o sentimento que constitui o homem; não merecemos, a não ser dessa maneira, esse título sagrado.

"Estudem as letras, espalhem-nas, amem as belas-artes, alimentem-se das lições e dos exemplos da Antiguidade; a sabedoria lhes será mais cara e conseguirão os amigos certos que os ajudarão e os sustentarão na prática do bem e de todas as perfeições da alma."

Confúcio abominava a guerra; esse princípio estava ligado ao grande sistema desse legislador, sobre o ódio à vingança e sobre o perdão das injúrias. "A sabedoria e a proibição não agradam, ele sempre repetia, tanto que elas se dobram às atenções da conveniência. Segui os costumes de vosso século em tudo o que não seja oposto à virtude."

SIBÉRIA, ETC.

O belo templo de Ablaikit prova que a Sibéria foi anteriormente habitada por um povo civilizado, seja Kalmouk, seja Mongol ou Tschour. Qualquer que seja o povo civilizado dessa época, ele deve ter levado do Cáucaso ou do Tibete uma parte do sistema emblemático, comum então a toda a Ásia, assim como a efígie de Maïdarin com três cabeças e dez braços, por exemplo, que lembra muito bem vários baixos-relevos da Thébaïde, apresenta a tripla essência eterna tratada pelas dez Sephiroths. Erlikan tem todos os traços de Tífon; ainda assim, sobre as pedras sepulcrais do Abakan, de cuja antiguidade precede muito a Era Vulgar, o mais difundido de todos os símbolos é o hieróglifo egípcio da imortalidade; a cruz, símbolo substituído nas tumbas das bordas do Enissei pelas figuras de ariétes que, tendo sempre designado renovação de período, são bem prováveis de significar a ressurreição e a vida futura. O que temos a dizer dos mexicanos tem toda relação com o tema Sibéria.

As pirâmides do México, de Choula foram edificadas como as do Egito e da Caldeia, e orientadas da mesma maneira.

O ano mexicano, mais regular do que o ano dos gregos e dos romanos, tinha vinte dias complementares e os cinco dias epagomênicos do ano menfítico. A escrita não era nem alfabética como entre nós, nem alonímica como na China, mas sim composta de hieróglifos verdadeiros.

Os mexicanos guardavam um fogo sagrado com grande cuidado; e a cada 52 anos, que era o ciclo deles, eles o apagavam e então davam grandes marcas de dor e pareciam procurar com inquietude aquele que eles haviam perdido.

É certo que eles conheceram a mulher serpente.

Enfim, um busto de deusa ou sacerdotisa asteca, publicado por Humboldt, leva como penteado a *calantica* das cabeças de Ísis e da Esfinge, com muita semelhança, para que não se possa absolutamente equivocar-se.

Essas considerações não têm por objeto provar que a Iniciação tenha existido no México, mesmo imperfeitamente; somente a crueldade dos sacerdotes de Vizli-Poutzli seria suficiente para destruir uma afirmação semelhante. Pensamos que as migrações que mudaram a face do país eram provenientes de povos a quem a Iniciação originalmente era apenas estrangeira.

Ponto Euxino

Ao descer do Cáucaso em direção à orla oriental do Ponto Euxino, encontramos vestígios de uma ciência alegórica distribuída por graus; talvez não tivéssemos nela a fonte que indicamos, mas de Tebas ou de Mênfis, porque, segundo Heródoto, Colchos era uma colônia egípcia.

Um homem de uma genialidade feroz, Odin Woden, apareceu para os povos do Euxino depois que Roma incorporou às suas conquistas o império de Mitrídate; Odin subjugou esses povos sob sua ascendência, ele os levou para o norte da Europa, e lá, pelas instituições todas guerreiras e pelo fanatismo de uma mitologia toda bizarra, ele soube fazer deles instrumentos dóceis e imprimir neles essa coragem de vingança necessária para o projeto que ele tinha de derrubar o império romano. Seus sucessores adotaram esse projeto e o colocaram na fila dos deuses.

Enquanto alguns sacerdotes ou *scaldes* vindos com ele das bordas meótides, adotando aparentemente as divindades absurdas de seu Walhalla, conservaram por eles e por quaisquer iniciados escolhidos, com o depósito das ciências úteis ao homem, os dogmas simples e caridosos da religião natural, escondidos sob os emblemas orientais, os adeptos guardaram entre eles as palavras e os signos de fraternidade transportados do Nilo ao Euxino, e do Euxino ao Báltico.

A península escandinava teve comunicações muito antigas com a Caledônia. Os *scaldes*, sacerdotes de Herta, puderam consequentemente semear sua doutrina na Escócia; mas isso não se deu junto aos bardos, que não assimilaram nada além dos dogmas mais úteis que a eles foram totalmente confiados. As noções aprofundadas sobre a Antiguidade, as palavras sagradas, a hierarquia mística, tudo isso se encontra na ordem dos culdeus, espécie de monges essênios, ou cristãos de São João.

Dentre os gauleses, tiveram os druidas quaisquer vestígios de Iniciação? Presumimos que sim, porque eles conheciam Ísis. A etimologia de Paris o demonstra: na língua celta, *bar* significa embarcação, *bar-isis*, nau de Ísis. Essa opinião é bastante provável, uma vez que o gosto dos habitantes da Lutécia pela navegação é bem demonstrado pelo altar da companhia de Nantes, que era visto no museu dos Pequenos Agostinianos, e pelo brasão da cidade de Paris, que é uma nau. O ovo da serpente, recolhido a *Néonémie*, e outras particularidades análogas fazem ainda adivinhar a relação dos druidas. Mas o mais destacado de todos os símbolos é o Visgo Sagrado, ramo sobre o qual falaremos na maestria, símbolo constante de todas as iniciações, e particularmente em toda espécie de Maçonaria. Assim, tudo anuncia que os druidas tiveram alguma influência dos culdeus, dos *Scaldes*, caldeus e dos *mystes*[9]. Mas o que importa entre eles essa semelhança superficial? O que importam os elogios de Ammien Marcellin e a ciência que ele lhes atribui, se, conservando seus sacrifícios horríveis, eles não souberam compreendê-la, pois não tomaram a instrução que foi comunicada, de certos fatos úteis à sua força, protótipo do egoísmo sacerdotal, eles conservaram certas cerimônias insignificantes sem a prática das virtudes que elas estavam destinadas a retraçar... Mais louváveis do que eles, mais amigos da tolerância e da humanidade, os sacerdotes de Herta, nos primeiros séculos da Era Cristã, conservavam fielmente na Dinamarca, na Suécia e na Noruega essa parte da Iniciação que, vinda diretamente do Oriente, sem passar por Elêusis nem pela Samotrácia, estava destinada a florescer pela primeira vez na Europa ainda bárbara. Assim, a partir do ano 287 de nossa era, Caurasius, que se fez reconhecer imperador pelas legiões da Grã-Bretanha, encorajou as artes e particularmente a Instituição maçônica; ele deu a Albano, conhecido sob o nome de Saint-Albam, a direção dos obreiros maçons, que foram chamados de Irmãos maçons, e se o Rito Escocês se mostra talvez exagerado em suas pretensões de prioridade, o zelo maçônico do povo do qual ele leva o nome merece que o desculpemos.

    A Escócia é, com a Suécia, o país da Europa onde a ordem é a mais severa dentro de suas escolhas e inclui o maior número de homens qualificados. Porque, embora bem posteriormente a

---

9. N. T.: Mystes: iniciados nos mistérios (Grécia).

essa Instituição, a generosidade maçônica fez construir em 1738 a enfermaria real de Edimburgo. O próprio edifício construído para a Maçonaria nessa capital é igualmente uma de suas benfeitorias. Os maçons escoceses, em número de setecentos, colocaram a primeira pedra em 1753. Mas voltemos ao progresso da Iniciação: e vamos ver que várias grandes obrigações lhe foram devidas.

No ano 800 de nossa era, sob o reinado de Egbert, primeiro rei da Inglaterra, apesar da autoridade impotente, a anarquia feudal violava todas as leis, interrompia as comunicações, abria a guarda para os assaltos; eram necessários os novos Teseus contra os novos Scyrrons. Uma Instituição na qual a divisão é *segura ao mal*, limita-se a obras de caridade; e nas desordens da Idade Média, ela deveria produzir os heróis, campeões da humanidade.

A cavalaria nasceu, e todas as formas de recepção de Elêusis foram conservadas; reservamos os detalhes da mesma para os graus cavalheirescos. Vemos, entretanto, que a Maçonaria foi introduzida na Inglaterra a partir dos primeiros séculos do Cristianismo, mas o neto do grande Alfred foi encarregado de regularizar e encorajar a Iniciação, e foi em 926 que Athelstam colocou à frente dos maçons do reinado o seu próprio irmão Edwin. Ele redigiu as constituições para a Grande Loja de York, da qual ele ganhou reputação de ser seu fundador.

Como os iniciados do Egito e de Elêusis não levavam o nome de maçons, é importante fazer conhecer aquilo que há de mais marcante sobre sua etimologia.

Devemos inicialmente repudiar a opinião daqueles que querem que a Instituição maçônica date da construção da igreja de Saint-Paul. Nicolau, que parece adotá-la, em contradição a seu sábio amigo, não caiu nesse erro, por ter estabelecido um sistema no qual ele coloca a origem da Instituição no século XVII, e lhe dá por fundador Christophe ou por grande privilégio Elias Ashmole; quando explica o grau de Mestre, pelas características relativas ao fim trágico de Charles I, ele se esquece de que esses símbolos de morte eram admitidos de toda antiguidade na Caldeia, na Síria e na Pérsia; que, independentemente do senso de moral, eles têm um senso físico atrelado aos fenômenos da Natureza, dos quais Tertuliano fala a respeito ao tratar de Elêusis e que o VI canto de Virgílio descreve com a exatidão de um ritual. Quando ele crê ver três séculos de intervalo entre as últimas assembleias dos cavaleiros da Ordem do Templo e as primeiras reuniões dos maçons, ele reúne os documentos históricos que fazem menção aos maçons, depois, antes e durante a Ordem do Templo. Portanto, em 277, encorajamento por Caurasius; em 800, iniciações cavaleirescas; em 926, regulamentos de Athelstam; em 1286, recepção dos condes de Gloucester e de Ulster; em 1327, proteção de Eduardo III; em 1442, recepção do rei Henrique III; em 1535, grande lei maçônica, citada por S.A., o príncipe dos Países Baixos; em 1561, medidas severas, porém passageiras, de Elizabeth. Partindo igualmente do princípio errado que supõe a Maçonaria uma Instituição moderna, outros acreditaram encontrar a origem de seu nome na reunião dos amigos ingleses na *Maisons'house*; em Londres, todo mundo, até os príncipes de sangue, amam fazer-se receber de qualquer corporação burguesa; é muito simples que iniciados das Lojas inglesas, no lugar de se fazerem agregar aos padeiros, carpinteiros e outros, tenham escolhido a corporação dos maçons. A sala ou a casa comum desses obreiros, servia de reunião; eles serão distinguidos deles pelo título de maçons livres ou voluntários, e de estrangeiros admitidos, agregados. Quando da morte de Jacques de Molay, dizia-se, os sete cavalheiros da Ordem do Templo que foram recolher as suas cinzas, estavam disfarçados de *alfaiates de pedras*, e toda a Maçonaria parte daí; infelizmente isso é apenas mito romano, porque possuímos os graus maçônicos praticados pelos cavalheiros da Ordem do Templo 300 anos antes de seu fim trágico. O autor do *Mysterium baphometi revelatum* pensa, como nós, que os francomaçons são bem anteriores aos cavaleiros da Ordem do Templo. Ele acredita ser muita semelhança ter encontrado emblemas maçônicos em algumas tumbas romanas.

Afirmou-se enfim que a Maçonaria vinha de *massonya*, sinônimo bárbaro de *clava* (clava, arma), sob o pretexto de que *clava* lembra *clavis*, e que uma sociedade secreta se concentra em uma chave. Se os homônimos são bons guias nas pesquisas etimológicas, podemos tirar a mesma vantagem dos sinônimos: e; por outro lado, todas as ferramentas do meio material dos maçons empregavam-se como alegorias na Francomaçonaria: o nome dessa Instituição não é suscetível de ser analisado quanto às letras que o compõem.

Uma vez que essa deve ser uma palavra traduzida, a que é necessário então atribuí-la? Aos Mistérios Judaicos, uma vez que eles passaram, como já vimos, de Salomão até os últimos essênios contemporâneos de Cristo; e o povo hebreu os tinha conservado durante a escravidão. Sua estada na Caldeia pode bem alterar qualquer uma de suas opiniões e até a sua língua, porque várias partes dos livros de Daniel e de Esdras são escritas em dialeto caldeu. Ora, os iniciados, os eleitos de Israel, que suspenderam os seus salgueiros mudos do Eufrates e choravam tão amargamente ao lembrar-se de sua pátria, jamais perderam a esperança, realizada mais tarde por Ciro, de retornar ao vale de Josafá e construir o Templo de Salomão. E essa ideia, a mais cara de suas ilusões, foi a seguir introduzida nos mistérios, onde eles adoravam reunir-se e buscar o consolo para as penas da escravidão.

Os novos símbolos a representavam e eles se tornaram mais valiosos a ela, quando pareceram históricos. Depois que Zorobabel, e em seguida Esdras, reconstruíram o templo ao redor da Babilônia, e que Neemias, com a espada em uma das mãos e a espátula na outra, reergueu as muralhas da cidade, uma lembrança de dor foi ainda atada a isso depois da destruição de Jerusalém pelo filho de Vespasiano.

Várias sociedades de iniciados gregos ou romanos adotaram de segunda mão esses emblemas sem lhes dar o mesmo sentido.

Sabemos, por outro lado, positivamente, que os essênios tinham um avental de pele de animal; os iniciados de Elêusis tiveram de fazer poucas modificações no deles; porque, depois da origem dos mistérios, eles eram cingidos de uma pele de besta. Os rituais mais antigos conservaram a forma triangular a esse ornamento; assim talhado, ele lembra muito aquele que usavam os deuses egípcios na frente de suas vestes; podíamos entender esses emblemas ou da criação do mundo pelo Arquiteto Eterno, ou da construção de um edifício de sabedoria e de amizade, começado por seus adeptos, ou bem da necessidade do trabalho imposto ao homem. Mas é sobretudo depois do estabelecimento dos bárbaros na Europa que os judeus, sendo quase os únicos que se entregavam às viagens e ao comércio, e que tinham consequentemente a necessidade de uma proteção cosmopolita e de laços secretos, tiveram de entrar em grande número nas Lojas e fazer nelas prevalecer os seus usos. Perseguidos sem cessar durante a Idade Média, os mais esclarecidos dos judeus buscavam proporcionar qualquer apoio ao se fazerem receber maçons; nossa Instituição era tão forte dentro de seus costumes e de sua religião que o ritual de quase todos os graus é o ritual da religião hebraica.

Uma observação muito importante é que as insígnias maçônicas fizeram cair em desuso aquelas da Iniciação primitiva, e a Iniciação ela mesma perdeu seu nome por aquele de Maçonaria.

A época dessa mudança, que foi bem mais parcial e sucessiva do que geral e instantânea, pode se colocar entre os séculos XVI e XVII.

Resumindo: a Índia é o berço da Iniciação; ela passa pela Etiópia, pela Arábia e pelos vizinhos do Egito e da Caldeia, os sabeus, no Iêmen, e depois Fenícia, Síria, Pérsia, Grécia, na Itália (em Roma) e na Escandinávia. Na China não houve Iniciação; na

Sibéria, no México, em Gales, mas somente entre os druidas; do Báltico à Escócia, e de lá para a Inglaterra, depois a França, mas somente entre os Cavaleiros do Templo; os jesuítas se apropriaram dela a seguir, e a França não a conheceu antes do primeiro quarto do século XVIII, e a Grande Loja da França transportou o "Escocismo" para a América, que possuía somente os três graus simbólicos, por intermédio do Ir∴ Stéphin Morin.

Ao terminar essa parte gráfica, pensamos que, uma vez que a história atesta que os Mistérios de Elêusis não foram destruídos antes do ano 396 de nossa era, é mais provável que Caurasius, que viveu um século antes da abolição dos Mistérios Gregos, pôde fazer-se iniciado, de onde resulta que a época do ano 287 de nossa era, que designamos ser a época da Instituição maçônica na Inglaterra, é quase irrecusável. Cremos, entretanto, que essa Maçonaria diferia das iniciações antigas e que ela se consistia somente de associações formadas de arquitetos e de maçons materiais, que a Inglaterra recebeu as luzes e as benfeitorias da Iniciação da Escócia, e atribuímos em grande parte a emancipação da Inglaterra aos conhecimentos que a Iniciação difundiu dentro das classes elevadas da sociedade, e que pôde fortemente contribuir para levar a aristocracia da Grã-Bretanha a operar a reforma política de 1668 e a Iniciação na França, esclarecida pelas obras dos filósofos modernos, e pôde igualmente contribuir para preparar os espíritos para empreender a grande reforma de 89.

Quarta Seção

Os elementos fundamentais da filosofia

Se tivéssemos de desenrolar diante de todos vocês os conhecimentos que a filosofia abarca, seríamos obrigados a desenvolver todo o sistema da natureza, de expor as leis que regem o Universo e de penetrar no princípio eterno de onde elas emanam; e, ainda que os desenvolvimentos também de grande importância tenham relações diretas com a Iniciação que nasceu da filosofia primitiva, nós ultrapassaríamos os limites traçados pelo vasto tema do qual devemos tratar.

Depois da brilhante época da Grécia até nossos dias, o maior número de filósofos se ocupou a princípio dos objetos que chocam seus sentidos, e o objeto que mais os ocupou foi o homem; não foi somente por um estudo aprofundado do ser que eles puderam elevar-se até o criador e ocupar-se a seguir do resto da criação; esse método sábio os ensinou a conhecerem-se a si mesmos, o que lhes fez merecer o nome de *sábios*; sigamos a mesma marcha e viremos a conhecer a inteligência humana, Deus, e suas respectivas relações.

Tão logo o homem tem consciência de si mesmo, ele se encontra em um mundo estranho, inimigo, no qual as leis e os fenômenos parecem estar em contradição com sua existência. O homem tem inteligência e liberdade para se defender. Com a primeira, ele aprende a conhecer o mundo; com a segunda, ele o modifica e o refaz para o seu próprio uso. O primeiro que mediu o espaço que o envolvia, que contou os objetos que se apresentavam a ele, que observou as propriedades dele e sua natureza, esse criou os matemáticos e a física, e aquele que modificou aquilo que lhe fazia obstáculo criou a indústria. Foi a utilidade que fez nascer essas ciências, e a sociedade natural, estando em estado de guerra, onde reinava o direito do mais forte e, consequentemente, a injustiça, o homem criou uma sociedade nova, baseada na justiça, o que constitui o estado que forma a garantia da liberdade individual.

Mas a inteligência do homem, tão insaciável quanto fecunda, pouco satisfeita com as maravilhas da arte, que encanta sua vida, lança-se neste mundo que ele embeleza e põe ordem, e, embora todo-poderoso, ele concebe uma autoridade superior à sua e àquela da natureza; em uma palavra, além do mundo da indústria, do mundo político e do mundo da arte, o homem concebe a Deus, e o Deus da humanidade não está mais separado do mundo, ele não está concentrado no mundo; é um Deus sem mundo e pelo homem, como se ele não estivesse lá; um mundo sem Deus é um enigma incompreensível ao seu pensamento e um peso opressivo ao seu coração.

A Instituição de Deus, distinta em si do mundo, mas fazendo nele a sua aparição, é a religião natural: mas, como o homem não ficou parado no mundo primitivo, ele não ficou parado na religião natural, que não é ela mesma senão um clarão maravilhoso, mas fugidia na vida do homem e da natureza; o homem procede aqui como o fez anteriormente, ele crê num outro mundo além daquele da natureza, ele não percebe mais do que seu caráter divino, quer dizer, sua relação com Deus, e o mundo da religião é o culto, e como ele é da essência de tudo o que é forte de se desenvolver, de se realizar, o culto é o desenvolvimento, a realização do sentimento religioso, mas não sua limitação; de maneira que o culto está para a religião natural como a arte está para a beleza natural, e o culto é infinitamente superior ao mundo comum, em que:

1º não há outro destino a não ser o de assemelhar o homem a Deus;

2º porque ele é infinitamente mais claro como representação das coisas divinas;

3º porque ele é permanente, uma vez que a cada instante o caráter do mundo se fragiliza ou se escurece rapidamente. Assim sendo, o culto, por sua especialidade, sua claridade e sua permanência, faz o homem lembrar de Deus mil vezes melhor e de maneira que o mundo não faz.

Mas como o culto faz eficazmente o homem lembrar-se de Deus? A condição inerente a todo o culto, de apresentar as relações tão obscuras da humanidade e do mundo a Deus sob formas exteriores, sob imagens vivas, enfim, sob os símbolos, e cremos que todas as relações do homem e do mundo com Deus são desposadas nos símbolos da religião; mas o pensamento, pode ele ficar estagnado nos símbolos?

O entusiasmo, depois de ter tido uma vaga ideia de Deus neste mundo, criou o culto, e no culto ele novamente viu a Deus. A fé se liga a símbolos, ela contempla aquilo que não está ali, ou pelo menos aquilo que não está de uma maneira indireta; aí está a grandeza da fé, de reconhecer a Deus naquilo que visivelmente não o contém, mas o entusiasmo e a fé não são os últimos desenvolvimentos da inteligência humana, porque na presença do símbolo, o homem, depois de tê-lo adorado, experimenta a necessidade de se dar conta disso, palavra bem séria, uma vez que, para alcançar esse resultado, é necessário decompor aquilo do qual se deseja dar-se conta, transformá-lo em concepções puras que o espírito humano examina em seguida e sobre a verdade ou a falsidade das quais ele pronuncia, de onde resulta que ao entusiasmo e à fé precede a reflexão, e a reflexão tem por instrumento a dialética.

No dia em que um homem refletiu, nesse dia, a filosofia foi criada, porque a filosofia não é outra coisa senão a grande reflexão, acompanhada dos procedimentos que lhe são próprios. Elevada ao nível e à autoridade de uma metodologia, todas as verdades a ela pertencem, e a esse título ela pode sozinha dar-se conta.

As ideias são o pensamento sob sua forma natural, elas podem ser verdadeiras ou falsas, nós as retificamos, as desenvolvemos. Elas podem ter a necessidade de estar presentes em uma certa ordem, mas a combinação delas não muda em nada a sua natureza, elas têm somente graus diferentes.

Resulta dessas considerações que as ideias são os únicos objetos próprios da filosofia, elas são o mundo da filosofia, a sua característica particular é a de ser inteligível. E dizemos mais:

somente as ideias são inteligíveis; a filosofia é, por sua vez, o culto das ideias e das ideias sozinhas; ela é a última vitória do pensamento e o mais alto grau da inteligência. A indústria era já a liberação da natureza; o estado, uma liberação ainda maior; a arte, um novo progresso; a religião, um progresso ainda mais sublime; a filosofia, a última libertação, o último progresso do pensamento; isso é tão verdadeiro que vocês não poderiam desarranjar a ordem dentro da qual apresentamos sucessivamente as diferentes esferas que acabamos de assinalar. Essa forma é a mais clara, ainda que não se possa negar que as ideias são obscuras aos sentidos, à imaginação e à alma, porque os sentidos só veem os objetos externos sobre os quais eles se fixam; a imaginação tem necessidade de representação e a alma, de sentimentos, mas se toda a luz está aí, ela não chega à consciência dela mesma, enquanto que a evidência filosófica que nasce de uma reflexão é como a última evidência, como a única autoridade; de onde ele soube que a filosofia é a luz das luzes e a autoridade das autoridades.

Em todas as ciências exatas não podemos chegar a alcançar a verdade sem a ajuda de um método, e o mais exato de todos é o método experimental, ou seja, a análise experimental, porque ela não supõe nenhum resultado anterior à observação; mas, para ser fiel a esse método, é necessário primeiramente pesquisar quais são os elementos da razão humana, ou seja, quais são as ideias fundamentais que presidem ao seu desenvolvimento, e aí está a questão vital da filosofia, porque a razão é desenvolvida bem antes de termos pesquisado como ela se desenvolveu, quer dizer, antes que tenhamos nos interrogado sobre sua natureza, reconhecido suas leis e mensurado o seu alcance; porque a filosofia ou reflexão não começou senão a partir do dia em que pedimos conta dela mesma, de sua natureza, de suas leis, quando discutimos os seus direitos e quando indagamos sua autodenominação.

A primeira lei de um método sábio é a enumeração completa dos elementos ou das ideias essenciais e da razão. A segunda é um exame bastante aprofundado dos elementos que possuímos: a quantidade determinada de elementos simples, irredutíveis, indecomponíveis, primitivos, que são os limites intransponíveis da análise; a terceira lei do método é o exame das diferentes relações desses elementos entre si.

A razão humana, de qualquer maneira que ela se desenvolva, o que quer que ela aborde, não importa o que ela considere, seja observando a natureza que nos cerca, seja penetrando nas profundezas do mundo interior, não concebe todas as coisas senão sob a razão de duas ideias. Que ela examine o número e a quantidade, ela não verá neles senão a unidade e a multiplicidade, e aí estão as duas ideias de todo número. A unidade e a pluralidade são as duas ideias elementares da razão.

Que ela se ocupe do espaço: ainda dois pontos de vista, ela concebe um espaço determinado e limitado, ou o espaço dos espaços, o espaço absoluto.

Que ela se ocupe da existência, ela não pode conceber senão a ideia da existência absoluta, ou a ideia da existência relativa.

Que ela pense sobre o tempo, ela concebe ou um tempo determinado, o tempo propriamente dito, que é o tempo em si, ou o tempo absoluto, que é a eternidade.

Que ela pense sobre as formas, ela concebe uma forma infinita, limitada, determinada ou qualquer coisa que é o princípio dessa forma, mas que não é nem mensurável nem limitada, em uma palavra, o infinito.

Que ela reflita sobre o movimento, à ação, ela não pode conceber senão as ações limitadas, as causas relativas, ou uma força absoluta mais além daquela que não se pode mais nada encontrar.

Que ela pense nos fenômenos exteriores e interiores que se passam diante dela, naquela cena móvel de eventos e de acidentes de toda espécie, ela não pode ainda conceber senão duas coisas, a manifestação e a aparência, ou o ser em si, quer dizer, depois da linguagem da ciência, o fenômeno e a substância; dentro do pensamento, ela concebe os pensamentos relativos a este aqui, ou àqueles lá, e o princípio em si do pensamento.

E aí estão, de acordo com Cousin, todos os elementos da razão humana; assim sendo, mundo exterior, mundo intelectual, mundo moral, tudo está submetido a duas ideias, e a razão não se desenvolve e não pode se desenvolver a não ser de acordo com essas duas condições.

Se a razão, em qualquer sentido que ela se desenvolva, seja a qualquer coisa que ela se aplique e seja o que for que ela considere, não pode nada conceber a não ser sob a condição das duas ideias que presidem ao exercício de sua atividade: a ideia da unidade e a ideia do múltiplo, do finito e do infinito, etc.; ao relacionar todas essas proposições, uma análise aprofundada as identifica, de onde resulta uma só fórmula que é a fórmula do pensamento, de maneira que o pensamento, seu desenvolvimento e suas relações são os elementos integrantes da razão; e não está ao alcance dessa razão, em suas abstrações mais intrépidas, separar qualquer um de seus três elementos um do outro; tentem, por exemplo, excluir a unidade: a variedade sozinha não é mais adicional; por outro lado, suprimam a variedade, e terão uma unidade imóvel; por fim, excluam a relação que liga intimamente a variedade à unidade, e destruirão o laço necessário dos dois termos de toda a proposição; podemos então observar como, em um ponto incontestável, esses três termos são distintos, porém inseparáveis, e que eles constituem por sua vez uma triplicidade e uma unidade necessárias; chegando a esse patamar, perdemos o chão e é necessário reconhecer a natureza dessas três ideias que nos pareceram o fundo da razão.

São as ideias simples signos, que existem somente no dicionário? Não são elas puras palavras? E é necessário ser materialista? De maneira alguma. Os signos são, sem dúvida, os seguros potentes para o pensamento, mas eles não são o seu princípio interno; está fora de dúvida que o pensamento preexiste à sua expressão. Não pensamos porque falamos, mas nós falamos porque pensamos.

Se repelirmos o nominalismo, deve-se então ser realista? Deve-se admitir que as ideias são coisas que existem como todo o resto, e, como diz Malebranche, estes são pequenos seres que não são nada desprezíveis. Não, as ideias não são coisas como as outras. Quem já viu as ideias? Quem já tocou as ideias? Quem já se relacionou com as ideias? Se os realistas quiseram falar na existência exterior das ideias, eles caíram em um grave erro; enquanto isso, errados ou com a razão, esse sistema é a eles atribuído; para escapar disso, nos endereçamos aos conceitualistas, a fim de percorrer o círculo das três grandes escolas francesas da Idade Média, sobre a questão das ideias? Cousin confessa que está prestes a concordar que as ideias não são mais concepções da razão, da inteligência, do pensamento, se quisermos nos entender com ele sobre a natureza da razão, da inteligência e do pensamento; ele coloca a seguinte questão:

A razão – é ela humana rigorosamente falando, ou não é ela humana a não ser somente por aquilo que ela faz a sua aparição dentro do homem?

A razão pertence a você? O que é seu em você? É a vontade e os seus atos. Por exemplo, eu quero mover meu braço e eu o movo, eu tomo uma determinada resolução, essa resolução é exclusivamente minha, ela é minha propriedade, e ela é tão verdadeira que eu posso tomar em um instante uma resolução contrária; isso não é o mesmo que as percepções da razão; a razão concebe uma verdade matemática, pode ela mudar essa concepção, como a minha vontade mudou a toda hora a minha resolução, não, porque a razão não se modifica a seu grau. Você não pensa como quer, sua inteligência não é livre, tudo o que é livre é seu, tudo aquilo que não é livre em você não é seu, e a liberdade sozinha é a personalidade.

Se a razão fosse individual, nós a dominaríamos, como dominamos nossas resoluções e nossas vontades; se nossas concepções fossem individuais, nós não pensaríamos em impô-las a um outro indivíduo, porque isso seria despotismo, o mais exagerado e o mais extravagante; de onde segue que a razão, em si, não é individual, mas universal e absoluta. É somente nessas condições que Cousin concorda que as ideias são as concepções dessa razão universal e absoluta que nós não constituímos, mas que aparece em nós e que é a lei de todos os indivíduos. É essa razão que, em todas as pesquisas como em todos os mais altos e os mais vulgares pensamentos, levou Fénelon à seguinte suposição: "Ó razão, razão, não sois aquilo que busco". De onde se segue que a razão universal e absoluta é infalível, enquanto que a razão individual é falível de todas as aberrações e elas são em grande número; elas são mesmo inevitáveis, porque a verdade pode ser percebida pela razão individual, mas ela pode sê-lo sempre da maneira mais fiel, e neste caso a verdade não é alterada nem destruída, porque ela subsiste independentemente da razão, que não a percebe ou que a percebe mal.

Quanto à verdade extraída da razão falível do homem, não resta mais nada a não ser relacioná-la à razão universal, absoluta, eterna, a essa inteligência da qual a nossa é um fragmento, ao pensamento puro e incorruptível que a nossa inteligência refletiu. E aí está a teoria de Platão, a de Leibnitz e aquela que Cousin desenvolveu depois de tanto tempo.

As ideias não são senão concepções da razão humana, que o rigor mesmo da análise força a reportar à razão absoluta;

ora, a maneira de ser da razão eterna e do Espírito absoluto, a maneira de ser toda intelectual e toda ideal.

Aqui toda a discussão cessa, porque o espírito não se explica senão por si mesmo, ele atesta só e legítimo apenas a sua maneira de existir. Agora, sob qual condição a inteligência existe para nós?

Não é só sob a condição de que haverá um princípio de inteligência em nós, mas sob a condição de que esse princípio se desenvolverá, ou seja, que ele sairá de si mesmo, a fim de poder tomar-se a si mesmo como objeto de sua própria inteligência, que tem por condição a diferença; com efeito, mergulhe um instante em si mesmo e verá que aquilo que constitui a inteligência em nossa frágil consciência é o fato de haver vários termos pelos quais um percebe o outro, onde o segundo é percebido pelo primeiro; e isso se conhece, se compreende, e aí está a inteligência, e a consciência implica a diversidade e a diferença.

Reportemos agora as ideias à única inteligência à qual elas podem pertencer, e nós teremos, por assim dizer, a vida da inteligência absoluta, e, para ser bem inteligível, vamos resumir o exposto.

Na razão humana existem dois elementos e sua relação, ou seja, três elementos, três ideias. Em sua triplicidade e em sua unidade elas constituem o próprio fundo da razão, elas aparecem nela para governá-la, como a razão aparece no homem para governá-lo.

A unidade desta é só real, e essa unidade desapareceria completamente em um só dos três elementos que lhe são necessários; eles têm então todos o mesmo valor lógico e constituem uma unidade indivisível, que é a inteligência divina em si; e aí está até onde, sob as asas das ideias, para falar como Platão, se eleva a nossa inteligência.

Notem bem, meus IIr∴, que estamos bem acima do mundo, acima da humanidade, acima da razão humana. A natureza e a humanidade ainda não estão por nós, nós não estamos senão no mundo das ideias, e, uma vez que ainda não se trata da questão da natureza nem da humanidade, esperamos que não se queira tratar a filosofia de panteísmo, que é o espantalho das imaginações frágeis; vereis que nós não confundimos com o mundo a eterna inteligência, pois, antes do mundo e da humanidade, já existe a tripla existência que é inerente à sua natureza; mas iremos mais longe, acusamos a filosofia, e a filosofia aceita essa acusação, de querer penetrar na profundeza da essência divina, que, digamos, é incompreensível. Como conceber que os homens racionais, cuja missão é compreender e que acreditam na existência de Deus, não querem acreditar que sob a reserva expressa dessa existência seja compreensível? Prestamos a devida atenção no fato de que um Deus que é absolutamente incompreensível é um Deus que não existe para nós. Porque o que seria ele para nós, senão um Deus que não tinha acreditado dever dar à sua criatura qualquer coisa dele mesmo; inteligência suficiente para que essa pobre criatura pudesse elevar-se até ele, compreendê-lo e nele acreditar. E acreditar é compreender, em certo grau.

A fé, qualquer que seja a sua forma, qualquer que seja o seu objeto, vulgar ou sublime, não pode ser outra coisa que não seja o consentimento da razão àquilo que a razão compreende como verdade.

Ai está o fundo de toda a fé. Tirem a possibilidade de conhecer, não resta nada em que acreditar, e a raiz da fé será tirada. Deus é tão pouco incompreensível que aquilo que constitui a sua natureza são precisamente as ideias cuja natureza é ser inteligível: porque as ideias não são, como já foi dito, o reflexo das coisas, mas as coisas são o reflexo das ideias. Assim, Deus, que é a substância das ideias, é essencialmente inteligente e essencialmente inteligível. Sabeis vós, meus IIr∴, qual é a teoria que nós vos expomos? Nada além do que o próprio fundo do Cristianismo; o Deus dos cristãos é triplo e um todo em conjunto; o dogma da Trindade é a revelação da essência divina, esclarecida em toda a sua profundidade e trazida inteiramente sob a visão do pensamento; mas, exclamarão sem dúvida, esqueceis vós que essa verdade é um mistério? Não, mas não vos esqueçais mais de que esse mistério é uma verdade; por outro lado, diz Cousin, mistério é uma palavra que não pertence à língua da filosofia, mas sim à língua da religião. O misticismo é a forma necessária de toda a religião, mas sob essa forma estão as ideias que podem ser abordadas e compreendidas em si mesmas. Essa teoria não é nova, é a teoria dos maiores doutores da Igreja. São Tomás, Santo Anselmo de Cantorbery e o próprio Bossuet tentaram uma explicação do mistério da Trindade. Todo santo e sagrado que era esse mistério aos olhos deles, eles reconheceram que ele continha as ideias que era possível de soltar de sua forma. Ora, tanto direito como o dever da filosofia são, sob a reserva do mais profundo respeito pelas formas religiosas, de nada compreender, de nada admitir senão tanto quanto verdadeiro em si e sob a forma a ideia, não obstante a forma da religião e a forma da filosofia são diferentes, mas o fundo da religião e o fundo da filosofia é o mesmo. Essa afirmação é tão verdadeira quanto a religião e a filosofia da espécie humana. Também um pequeno número de homens, considerando a identidade essencial da religião e da filosofia, reverencia sinceramente a religião, porque ela é a forma da verdade em si. Passemos de Deus ao Universo, por qual caminho chegaremos? Pela criação; o que significa crer? É fazer qualquer coisa de nada; ora, Leucipo, Epicuro, Bayle, Spinosa e todos os pensadores demonstram facilmente que de nada não se tira nada, que do nada, nada pode surgir; de onde segue que a criação é impossível; mas, se ela é impossível, ela é necessária, e notem que mesmo a ideia do nada é uma ideia negativa; é a potência do Espírito que faz todos os tipos de hipóteses; assim, o nada é a negação de toda a existência; de maneira que vós que pensais que existis, porque penseis, negando a existência, negais precisamente a vós mesmos, vosso pensamento e vossa própria negação. Ora, fazer a hipótese do nada é pensar, então ser e saber o que se é, e é em vão que buscamos sair do pensamento da ideia da existência. É necessário então renunciar à definição de que acreditar é tirar do nada, porque o nada é uma quimera e uma contradição; porque, se vós admitis que Deus só pode criar tirando do nada, e que não se tira nada de nada, uma vez que o mundo existe incontestavelmente, e que ele não pôde ser tirado de nada, segue que ele não foi criado, que não existe por consequência, independente de Deus, que ele foi formado em virtude de sua natureza própria e das leis que derivam de sua natureza; a partir daí, uma outra hipótese, aquela de um dualismo no qual Deus está de um lado e o mundo está do outro, ou seja, um absurdo, porque se o mundo é independente, se ele se basta a si mesmo, ele é absoluto, eterno, todo-poderoso, e se Deus é independente do mundo, ele deve ser absoluto, eterno, todo-poderoso, de onde resultariam dois todo-poderosos em contradição uma da outra.

Criar, não mediante o método hipotético, mas mediante o método filosófico, que sempre toma a consciência humana, o que mais tarde, por uma indução superior, ela aplicará à essência divina; criar é uma coisa muito fácil de se conceber.

Eu vejo, tomo uma resolução, tomo uma outra, e depois uma outra ainda; eu a modifico, suspendo-a, eu a persigo, eu a produzo, por esse ato voluntário, um efeito que não reporto senão a mim mesmo, como causa e como causa única.

E aí está o que significa criar. Assim, causar um efeito e criar alguma coisa, não com nada, mas com o próprio fundo de nossa existência, ou seja, com toda a nossa força criativa, com nossa personalidade; aí está o tipo de uma criação e a criação divina é da mesma natureza. Com efeito, se Deus é uma causa, ele pode criar; se ele é uma causa absoluta, ele não pode não criar, e criando um universo, ele não o tira do nada, ele o tira de si mesmo, dessa força de causa e de criação da qual nós outros, homens frágeis, possuímos uma porção; entretanto, não existe diferença de nossa criação e a criação de Deus, que a diferença geral de Deus ao homem, a diferença da causa absoluta a uma causa relativa, de onde resulta que nossas criações são limitadas, enquanto que as criações de Deus não têm limites.

Deus criou então em virtude de Sua força criadora: Ele tira o mundo não do nada, que não existe, mas Dele mesmo, que é a existência absoluta e eterna.

O seu caráter eminente é uma força criadora permanente, que não pode não passar ao ato; segue-se que a criação é necessária, e que Deus criou sem cessar e infinitamente; a criação é inesgotável e se mantém constantemente. E tem mais, Deus está no Universo como a causa está em seu efeito, como nós mesmos, causas frágeis e limitadas, não somos tanto quanto causas, nos efeitos frágeis ilimitados que produzimos.

E se Deus é para a nós a unidade do ser, de inteligência e de força, segue-se que todas as suas características estão também no mundo e na existência visível; assim sendo, a criação é um bem. E Deus viu que isso estava bem, mesmo as Sagradas Escrituras dizem, porque isso estava mais ou menos em conformidade com Ele.

Aí está então o Universo criado e manifestando Aquele que o criou, sem que o princípio da manifestação que faz com que sua aparição seja esgotável; porque o princípio interior da causa, em tudo se desenvolvendo em seus atos, retém aquilo que o faz princípio e causa e não se absorve em seus efeitos; ora, se Deus está no mundo, e se Ele está no mundo com todos os elementos que constituem o seu ser, Ele não é nada esgotável, e depois de ter produzido este mundo, o uno e triplo tudo junto, resta tudo inteiro em sua unidade e sua triplicidade essencial. É nesse duplo ponto de vista da manifestação de Deus no mundo, e na substância de essência divina nela mesma, que está a verdadeira relação do mundo com Deus, e essa relação é, por sua vez, toda de semelhança e de diferença. O Universo é então um reflexo imperfeito, mas um reflexo da essência divina.

Tanto o homem sábio como o ignorante não podem negar a harmonia que reina nos movimentos do mundo, pois seria negar que o mundo dura, e que eles podem durar dois minutos. Ora, a harmonia supõe a unidade, e a unidade pode produzir a harmonia, mas não a constitui.

Existe na harmonia e na vida do Universo a mistura da unidade e da variedade, em uma medida perfeita; e aí está porque descobrimos que o mundo é uma coisa bela: é a relação íntima da unidade e da variedade que fazem a beleza deste mundo.

Passemos das generalidades aos detalhes: vamos percorrer as esferas diversas nas quais a ciência dividiu o mundo; encontraremos duas forças opostas e ligadas entre elas; primeiro, a divisibilidade ao infinito, quer dizer a expansão universal, e a divisibilidade ao infinito é apenas o movimento da unidade à variedade, concebido sem limites, e, se ele era sem limites, isso seria a dissolução de todas as coisas, e não obstante, a lei, a tendência da divisibilidade ao infinito está bem no mundo, mas na condição de uma outra lei, a lei da atração universal.

A atração é o retorno da variedade à unidade, como a expansão é o movimento da unidade à variedade, e é porque essas duas leis estão em harmonia que o mundo subsiste.

Nada perece na vida universal, tudo se metamorfoseia e tudo se resume; a mecânica, a física passa para a química, esta passa para a fisiologia vegetal, e esta última tem seu espaço na economia animal.

Assim sendo, todos esses antecedentes, todos esses graus da vida estão na humanidade, e a humanidade abrange diferentes elementos constitutivos de toda a existência levada sob os olhos da consciência; com efeito, o estudo da consciência é o estudo da humanidade, e esse estudo, no dicionário filosófico, se chama *psicologia*.

Ora, se o homem resume o mundo inteiro, como o mundo inteiro reflete a Deus, e se todos os elementos da essência divina passam no mundo e retornam na consciência do homem, julguem da alta escala do homem na criação, e por consequência da psicologia na ciência.

O homem é um universo resumido, a psicologia é a ciência universal; ela concentra, ela contém e reflete, e este que é de Deus e este que é do mundo, sob o ângulo preciso e determinado da consciência, e assim como o mundo exterior pode se resumir em duas grandes leis e sua relação, do mesmo modo todos os fatos da consciência, ainda que variados, resumem-se a uma única condição, que é a de que haja um ato de consciência; é o fato o mais vulgar e o mais sublime: o mais vulgar, naquilo que ele é em todas as consciências; o mais sublime, naquilo que engloba as mais vastas consequências.

Uma vez que o homem não se aperfeiçoa, ele não tem a consciência de si mesmo, ele não conhece, ele não percebe nada: uma vez que o homem não é ele mesmo, é como se ele não fosse; mas, do momento em que ele se conhece, ele somente se conhece na condição de saber todo o resto, da mesma maneira que ele se conhece a si mesmo.

Partindo da razão humana, somos elevados até Deus para descer à natureza, e dela chegar à humanidade: é o círculo da filosofia. Percorremos, rapidamente, é verdade, todas as partes da filosofia, mas regularmente e no encadeamento rígido e ordem mesmo da necessidade.

Se cada um de vocês se dobra sobre si mesmo e entra em sua própria consciência, nela encontrará os três elementos que nós assinalamos; primeiramente, vocês encontrarão a vocês mesmos, como um ser evidentemente confinado, limitado, finito.

Essa ideia limitada não lhes é suficiente, e a noção determinada do finito implica para vocês a noção do infinito; os opostos se atraem, e isso é a relação como os dois termos que lhes servem de base; ele é tão evidente quanto necessário. É com esse fenômeno fundamental da consciência que vocês fazem ou que alguém fez a categoria do finito e do infinito, do particular e do universal, da variedade e da unidade, e é mesmo impossível pronunciar um desses nomes sem que o outro não venha imediatamente aos seu lábios, e ele não chega a seus lábios porque a ideia que ele representa chega irresistivelmente a sua consciência; mas, o fato de que as coisas se passam assim hoje, mostra que elas sempre se passaram assim?

A característica eminente do fato que acabamos de lembrar-lhes, é que, quando você tem um dos três termos, você também tem os outros dois, você os concebe, porque, se você desejasse negá-los, você não o conseguiria.

A inteligência não começa por uma negação, porque uma negação supõe uma afirmação a negar, como a reflexão supõe qualquer coisa de anterior ao que ela se aplica; vós começareis então por uma operação que trata de determinar, e que é a base necessária da negação e da reflexão, e observeis que a reflexão não acrescenta nada à operação à qual ela se aplica.

Refletir é voltar àquilo que já ocorreu; é, com a ajuda da memória, retornar ao passado e torná-lo presente aos olhos da consciência. Assim, a reflexão esclarece aquilo que é, mas ela não cria nada, e, se ela supõe uma operação anterior, devemos encontrar nisso o mesmo número de termos que no fenômeno, tal que a reflexão o descobre na consciência; e aí está o resultado da lógica mais vulgar; porém, se vós tendes a força de atravessar a reflexão e de chegar a qualquer base de reflexão, convertereis em um fato evidente de consciência o resultado que vos impõe a lógica.

Se quiserdes conhecer o verdadeiro ponto de partida da inteligência, tenteis vos surpreender pensando sem querê-lo, e desta maneira podereis observar com mais ou menos precisão aquilo que se passou e deve se passar necessariamente no primeiro fato de vossa inteligência; pensar é afirmar, e a primeira afirmação na qual nem a vontade nem a reflexão intervêm, deverá ser uma afirmação sem negação, uma percepção instintiva da verdade, um desenvolvimento todo instintivo do pensamento, porque a virtude própria do pensamento é a de pensar; que vos intervém ou que vós interviríeis nele, o pensamento não se desenvolve menos, e encontramos nessa intuição primitiva tudo o que estará mais tarde na reflexão, porém em condições diferentes.

Não começaremos por procurarmos, porque isso seria supor que já sabemos o que somos; mas um dia, uma hora, um instante, sem nos termos buscado, nos encontramos. O pensamento, em seu desenvolvimento instintivo, descobre para nós o que somos, e afirmamos, com uma segurança tão profunda, que não se mistura a nenhuma negação. Na verdade, nós não discernimos com toda nitidez da reflexão de nosso próprio caráter, que é a de sermos limitados. Assim, a inteligência, ao se desenvolver, percebe tudo aquilo que é, mas com um pouco de confusão.

Tal é o fato da afirmação primitiva, anterior a toda reflexão, e pura de toda negação, que o gênero humano chamou de inspiração.

Em todas as línguas a inspiração é distinta da reflexão, ela não nos pertence. Não somos os agentes nos quais toda a nossa ação consiste em ter a consciência daquilo que se passa; isso já é da atividade, mas sem reflexão voluntária.

A inspiração tem por característica o entusiasmo; ela é acompanhada daquela emoção potente que arranca a alma de seu estado extraordinário e subalterno e solta nela a parte sublime e divina de sua natureza: e, com efeito, o homem, no feito maravilhoso da inspiração e do entusiasmo, não podendo relacioná-lo a ele mesmo, relaciona-o a Deus.

O que é Deus? É o pensamento em si, o pensamento absoluto com todos os momentos fundamentais, a razão eterna, a substância e a causa das verdades que o homem percebe.

Quando então o homem relaciona a verdade a Deus, que ele não pode relacionar nem a este mundo nem à sua própria personalidade, ele a relaciona àquilo ao qual deve relacioná-la, e a afirmação absoluta da verdade sem reflexão, ou seja, a inspiração, o entusiasmo é uma revelação verídica; E aí está por que, no berço da civilização, aquele que possuísse um grau mais alto que seus semelhantes, o dom da inspiração, passava aos olhos deles como confidente e intérprete de Deus. E aí está a origem sagrada dos profetas, dos pontífices e dos cultos. Observem que, depois que o homem, transportado pela inspiração e pelo entusiasmo, tentou produzir em seu ambiente exterior aquilo que se passava nele e de se exprimir por meio de palavras, ele é forçado a se servir de palavras que têm a mesma característica que o fenômeno que ele tenta produzir, porque a forma necessária, a língua da inspiração, é a poesia, e a fala primitiva é um hino.

Desta maneira, não começaremos pela prosa, ou seja, pela reflexão, mas pela poesia, ou seja, pela intuição e a afirmação absoluta; de lá segue que não começaremos pela ciência, mas pela fé na razão; porque não existe outro tipo de fé.

No sentido mais rigoroso, a fé implica uma crença sem limites em qualquer coisa que não seja nós mesmos e que venha a ser para nós uma autoridade sagrada, que seja a medida e a regra de nossa conduta e de nosso pensamento.

Ora, essa característica da fé, que mais tarde na luta da religião e da filosofia, em oposição à razão, é precisamente uma característica essencial da razão; é incontestável que não tenhamos fé senão naquilo que não seja nós mesmos, e que nada é menos pessoal que a razão; porque ela não nos pertence propriamente. É a razão, e a razão somente que, ao se desenvolver, nos revela do alto das verdades que ela nos impõe imediatamente e que nós aceitamos sem consultar a reflexão. Chamaremos de espontaneidade da razão esse desenvolvimento da razão anterior à reflexão, esse poder que a razão tem de tomar a verdade antes de qualquer coisa, de compreendê-la e de admiti-la, sem se perguntar a respeito e sem se dar conta: é essa mesma razão espontânea, regra e medida da fé, que mais tarde, entre as mãos da reflexão, engendrará, com ajuda da análise, aquilo que a filosofia chamará e chamou de categorias da razão.

O pensamento espontâneo e instintivo, por sua única virtude, entra em exercício e nos dá, em princípio, nós, o mundo e Deus, o todo em uma síntese na qual o lúcido e o obscuro se confundem. Pouco a pouco a reflexão e a análise transportam sua luz a esse fenômeno complexo; então tudo se esclarece, se pronuncia e se determina; o *eu* se separa do *não eu*, do finito e do infinito; mas qual é a fonte dessas categorias? A percepção primitiva, porque a forma primeira das categorias não era de todo reflexão, mas sim a espontaneidade, porque a reflexão e a espontaneidade, a análise e a síntese primitiva, as categorias mesmo em sua forma ulterior, desenvolvida, científica, não contêm nada mais que a inspiração.

A razão desenvolve-se então de duas maneiras: espontaneamente ou refletidamente; na espontaneidade, existe a percepção e a afirmação pura da verdade com uma segurança perfeita; é a síntese primitiva e obscura e a análise clara e mais ou menos perfeita; também a espontaneidade admite não muitas diferenças essenciais. De onde segue que as diferenças chocantes da espécie humana nascem da reflexão; com efeito, a reflexão considera os elementos do pensamento sucessivamente e não ao mesmo tempo; ela deve então os considerar, por um momento pelo menos, isoladamente, e como cada um desses elementos é importante neles mesmos, o efeito que ele produz sobre a reflexão talvez seja tal que a reflexão toma esse elemento particular do fenômeno complexo do pensamento, pelo pensamento inteiro e o fenômeno total.

Aí está o perigo da reflexão, e a partir dele, a possibilidade da diferença, mas sem a reflexão também não haveria jamais essa alta claridade que resulta de um exame sucessivo e alternativo de diferentes pontos de vista de um fato, de um problema, de todas as coisas, enfim: sem a reflexão, o homem desempenharia apenas um papel frágil na percepção da verdade, porque ele não a toma bem como possessão, e ele não se apropria dela sem ser pela reflexão. Por existir o erro, é necessário que haja pensamento e consciência, é necessário que haja pelo menos consciência de qualquer um dos elementos da consciência, ou seja, a percepção de qualquer verdade, e, por consequência, o erro não é nem total nem absoluto, mas somente particular; de onde se segue que, ao lado do erro, existe sempre uma percepção qualquer da verdade. Assim, por exemplo, a reflexão, aplicando-se à consciência e tentando a hipótese da dúvida e da negação, não admite um dos termos da consciência, o infinito, suponho, e ela fica parada no finito; que o infinito seja negado, rejeitado, a consciência não é destruída, e todos os outros elementos subsistem, porque, ao lado desse erro, haverá a crença no mundo exterior e a crença em si mesmo; e o erro cai sobre um ponto, a percepção da verdade cai sobre outro; e existe sempre a verdade na consciência. Assim, a reflexão nessas aberrações mais bizarras é sempre possível, porque essas aberrações são apenas parciais.

Nestes dias de crise e de agitação, a dúvida e o ceticismo entram com a reflexão em muitos espíritos excelentes, que se assustam com sua própria incredulidade. Se virdes um desses homens que, não podendo mais negar a si mesmo, duvida da existência do mundo exterior, e, principalmente, da existência de Deus, repetis perpetuadamente que esse ser não tem nada de degradado, que ele crê ainda uma vez que ele afirma alguma coisa; ele tem fé, somente sua fé tomba e se concentra sobre um ponto; no lugar de considerá-lo como um ateu, como um cético naquilo que lhe falta, considereis muito mais naquilo que resta a ele, e vereis que em sua mais parcial reflexão, a mais cética, resta a ele sempre um elemento considerável de fé e de crenças, fortes e extensas: e aí está para reflexão, mas sob a reflexão, é ainda a espontaneidade, e quando o sábio negar a existência de Deus, escutais ao homem, interrogai-o, surpreendei-o e vereis que todas as suas palavras implicam a ideia de Deus, e que a fé em Deus está a seu dispor no fundo de seu coração; assim, a espontaneidade do pensamento está sempre lá, que produz e sustenta todas as verdades essenciais, mesmo sob a reflexão mais cética, e que, na própria reflexão, o erro não é jamais inteiro, mas somente parcial.

Resumindo: acreditamos ter demonstrado que a unidade representa Deus, ou o pensamento. A variedade, o homem ou o mundo exterior, e a relação inseparável que existe entre a unidade e a variedade exprimem a relação que existe entre Deus e o homem ou o mundo exterior; aquilo que constitui os três elementos fundamentais da filosofia, elementos que devemos encontrar nos três primeiros graus simbólicos, porque a filosofia primitiva ou simbólica que criou os mistérios deve ter as mesmas bases que a filosofia clássica.

Isso é ainda mais provável, já que essas duas filosofias diferem entre si somente por seus resultados opostos; porque a filosofia primitiva envolve de misticismo todas as verdades que ela descobriu, tanto que a filosofia moderna colocou à luz todas as verdades ocultas, de onde segue que o sábio Cousin cometeu um erro involuntário, uma vez que ele adiantou que a palavra mistério não pertencia à filosofia.

Os magos fizeram um mistério de cada uma das verdades filosóficas que eles descobriram, e as expressaram por meio dos símbolos, e como a religião primitiva não se separa jamais da filosofia, a religião adotou os mesmos símbolos que a filosofia: a partir daí se depreende os mistérios religiosos e os mistérios filosóficos do Oriente.

A palavra mistério pertence então à filosofia primitiva, e não à religião, uma vez que dela se apoderou. Definitivamente, a unidade, a variedade e sua relação respectiva são não somente elementos fundamentais da filosofia, seja ela simbólica ou clássica, uma vez que elas constituem a essência de Deus, do pensamento, da inteligência humana e do mundo exterior, mas elas são, além disso, a base das religiões, das leis, dos governos, da indústria, das artes, das ciências e da história; e, como a filosofia abrange tudo, suas bases deveriam ser as mesmas para tudo.

Leitura Recomendada

A Sombra de Salomão
A Revelação dos Segredos Perdidos dos Franco-Maçons
Laurence Gardner

Muitos documentos que relatavam fatos importantes a respeito da história e da filosofia da Franco-Maçonaria foram simplesmente destruídos. A perda mais devastadora dos primeiros manuscritos relativos aos ensinamentos filosóficos antigos da Ordem foi causada pelo incêndio da Biblioteca de Alexandria, em 391 d.C., provocado pela Igreja de Roma. Algumas descobertas desses textos foram feitas na Idade Média pelos Cavaleiros Templários ao escavarem as galerias do Templo de Jerusalém, mas muitos documentos foram destruídos pela Inquisição no século XIV, restando apenas alguns registros.

Maçonaria – 100 Instruções de Aprendiz
Raymundo D'elia Júnior

O autor reuniu nessa obra um total de 100 instruções que nortearão o Aprendiz em sua senda maçônica, facilitando o seu estudo e entendimento a respeito do Primeiro Grau da Maçonaria.

O Livro Completo dos Maçons
Desvendando os segredos da antiga e misteriosa sociedade chamada Maçonaria

Barb Karg, John K. Young

Há centenas de anos, a Maçonaria tem sido alvo de questionamentos por exercer influência no destino de homens, cidades e até mesmo nações. Identificada por muitos como sendo uma sociedade secreta, constantemente lhe são atribuídos rótulos que não condizem com a realidade.

Os Segredos do Templo de Salomão
Os Mitos em Torno do Rei Bíblico

Kevin L. Gest

Essa obra é resultado de mais de dez anos de estudos, pesquisas e viagens para uma investigação histórica do maçom Kevin L. Gest a respeito dos segredos milenares do Templo de Salomão e sua relação com a Maçonaria.

www.madras.com.br

Leitura Recomendada

Simbolismo do Primeiro Grau
Rizzardo da Camino

Eis-nos às voltas com mais uma pérola desse tão dedicado Ir∴, que é Rizzardo da Camino, tratando da Simbologia dos Graus. Na verdade, os Símbolos são a alma e a vida da Maçonaria; foi a forma adotada para preservar conhecimentos e disseminá-los entre os obreiros, Grau após Grau, até que o mérito pessoal traga o pleno entendimento da Arquitetura Cósmica.

Simbolismo do Segundo Grau
Rizzardo da Camino

Todo obreiro terá aqui as ferramentas necessárias para rapidamente transpor mais essa jornada e entrar na penúltima fase do Simbolismo de que se reveste a Maçonaria para a transmissão de seus conhecimentos. Que cada Ir∴ obreiro encontre a luz para dirimir suas dúvidas e ampliar a compreensão desse vasto universo, com o auxílio inestimável dos preciosos conhecimentos contidos nesse livro.

Simbolismo do Terceiro Grau
Rizzardo da Camino

Prezado Ir∴,
Essa obra conclui uma das maiores preciosidades para o maçom dedicado e que se empenha na busca do conhecimento. Com o *Simbolismo do Terceiro Grau* o Ir∴ irá complementar todo o conhecimento necessário para transpor mais essa etapa na sua vida iniciática dentro da Maçonaria e, muito em breve, de acordo com o seu merecimento pessoal, estará adentrando nos Graus Filosóficos.

A Legenda e a História na Maçonaria
Manoel Arão

O escritor maçônico Manoel Arão reuniu nesse trabalho filosofia, simbolismo, lendas e mistérios que permeiam a história da Maçonaria, constituindo um compêndio rico em informações úteis para estudos de membros da Ordem, bem como de profanos que queiram enriquecer seu conhecimento histórico.

www.madras.com.br

MADRAS Editora

CADASTRO/MALA DIRETA

Envie este cadastro preenchido e passará a receber informações dos nossos lançamentos, nas áreas que determinar.

Nome _____
RG _____ CPF _____
Endereço Residencial _____
Bairro _____ Cidade _____ Estado ____
CEP _____ Fone _____
E-mail _____
Sexo ❏ Fem. ❏ Masc.   Nascimento _____
Profissão _____ Escolaridade (Nível/Curso) ____

Você compra livros:
❏ livrarias   ❏ feiras   ❏ telefone   ❏ Sedex livro (reembolso postal mais rápido)
❏ outros: _____

Quais os tipos de literatura que você lê:
❏ Jurídicos   ❏ Pedagogia   ❏ Business   ❏ Romances/espíritas
❏ Esoterismo   ❏ Psicologia ❏ Saúde   ❏ Espíritas/doutrinas
❏ Bruxaria   ❏ Autoajuda   ❏ Maçonaria ❏ Outros:

Qual a sua opinião a respeito dessa obra? _____
_____

Indique amigos que gostariam de receber MALA DIRETA:
Nome _____
Endereço Residencial _____
Bairro _____ Cidade _____ CEP _____

Nome do livro adquirido: *Curso Completo de Maçonaria*

Para receber catálogos, lista de preços e outras informações, escreva para:

MADRAS EDITORA LTDA.
Rua Paulo Gonçalves, 88 – Santana – 02403-020 – São Paulo/SP
Caixa Postal 12183 – CEP 02013-970 – SP
Tel.: (11) 2281-5555 – Fax.:(11) 2959-3090
www.madras.com.br

MADRAS® Editora

Para mais informações sobre a Madras Editora,
sua história no mercado editorial
e seu catálogo de títulos publicados:

Entre e cadastre-se no site:

www.madras.com.br

Para mensagens, parcerias, sugestões e dúvidas, mande-nos um e-mail:

marketing@madras.com.br

SAIBA MAIS

Saiba mais sobre nossos lançamentos,
autores e eventos seguindo-nos no facebook e twitter:

@madrased

/madraseditora